MÉLANGES DE POESIES, *DE* LITTÉRATURE, D'HISTOIRE ET DE PHILOSOPHIE.

M. DCC. LXI.

SUITE DES MÉLANGES DE POESIE, DE LITTÉRATURE, D'HISTOIRE ET DE PHILOSOPHIE.

LETTRE A MONSIEUR KOENIG.

A Postdam, le 17 Novembre 1752.

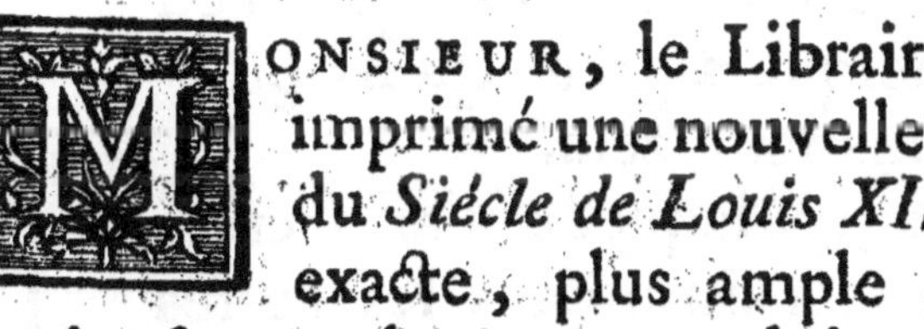

MONSIEUR, le Libraire qui a imprimé une nouvelle édition du *Siécle de Louis XIV*, plus exacte, plus ample & plus curieuse que les autres, doit vous en faire tenir de ma part deux exemplaires, un pour vous, l'autre pour la Bibliothéque de S. A. R. à qui je vous prie de faire agréer cet hommage & mon profond respect.

Il est bien difficile que dans un tel ouvrage, où il y a tant de traits qui caractérisent l'héroïsme de la Maison d'*Orange*, il ne s'en trouve pas quelques-uns qui puissent déplaire : mais une Princesse de son Sang, & née en Angleterre, connaît tous les devoirs d'un Historien & le prix de la vérité, pour ne pas aimer cette vérité, quand elle est dite avec le respect qu'on doit aux Puissances.

J'aurai sans doute bien des querelles à soutenir sur cet ouvrage ; je puis m'être trompé sur beaucoup de choses, que le tems seul peut éclaircir. Il ne s'agit pas ici de moi, mais du Public : il n'est pas question de me défendre, mais de l'éclairer ; & il faut sans difficulté que je corrige toutes les erreurs où je serai tombé, & que je remercie ceux qui m'en avertiront, quelque aigreur qu'ils puissent mettre dans leur zèle.

Cette vérité, à laquelle j'ai sacrifié toute ma vie, je l'aime dans les autres autant que dans moi. J'ai lu, Monsieur, votre *Appel au Public*, que vous avez eu la bonté de m'envoyer, & je suis revenu sur le champ du préjugé que j'avais contre vous. Je n'avais point été du nombre de ceux qu'on avait constitués vos juges, ayant passé tout l'Eté à Postdam ; mais je vous avoue que sur l'exposé de M. de M..... & sur le jugement prononcé en conséquence, j'étais entierement contre votre procédé. Il s'agissait, disait-on, d'une découverte importante, dont on vous accusait d'avoir voulu ravir la gloire à son Auteur par envie & par malignité. On vous imputait d'avoir forgé une Lettre de Leibnitz, dans laquelle vous aviez vous-même inséré cette découverte. On prétendait que, pressé par l'Académie de représenter l'original de cette Lettre, vous aviez eu recours à l'artifice grossier de supposer, après coup, que vous en teniez la copie de la main d'un homme qui est mort il y a quelques années. Jugez, Monsieur, si je ne devais pas avoir les préjugés les plus violens, & si vous ne devez pas pardonner à tous ceux qui vous ont condamné, quand ils n'ont été instruits que par les allégations de votre Adversaire, confirmées par votre silence.

Votre Appel m'a ouvert les yeux, ainsi qu'à tout le Public. Quiconque a lu votre Mémoire, a été convaincu de votre innocence. Vos piéces justificatives établiſſent tout le contraire de ce que votre ennemi vous imputait. On voit évidemment que vous commençâtes par montrer à M. de M.... tout l'ouvrage dans lequel vous combattiez ſes ſentimens; que cet ouvrage eſt écrit avec la plus grande politeſſe, & les égards les plus circonſpects : qu'en le réfutant vous lui avez prodigué des éloges; que vous lui avez d'abord avoué, avec la bonne foi & la franchiſe de votre patrie, tout ce qui concernait la Lettre de Leibnitz. Vous lui dites que vous la teniez, ainſi que pluſieurs autres, des mains de feu Henri; que l'original ne pourrait probablement ſe trouver; enfin, vous imprimâtes & votre Réfutation, & une partie de la Lettre de Leibnitz, avec le conſentement de votre Adverſaire, conſentement qu'il ſigna lui-même. Les Actes de Leipſick furent les dépoſitaires de votre ouvrage, & de cette même Lettre, ſur laquelle on vous a fait le plus étrange procès criminel, dont on ait jamais entendu parler dans la Littérature.

Il eſt clair comme le jour, que cette Lettre de Leibnitz, que vous rapportez aujourd'hui toute entiere avec deux autres, ont été écrites par ce grand homme, & n'ont pu être écrites que par lui. Il n'y a personne qui n'y reconnaisse sa maniere de penser, son style profond, mais un peu diffus & embarrassé, sa coutume de jetter des idées, ou plutôt des semences d'idées qui excitent à les développer. Mais ce qu'il y a de plus étrange dans cette affaire, & ce qui me cause une surprise dont je ne reviens pas, c'est que cette même Lettre de Leibnitz, dont on faisait tant de bruit, cette Lettre pour laquelle on a intéressé tant de Puissances, cette Lettre qu'on vous accusait d'avoir indignement supposé, & d'avoir fabriqué vous-même pour donner à Leibnitz la gloire d'un Théorême revendiqué par votre Adversaire, cette Lettre dit précisément tout le contraire de ce qu'on croyait. Elle combat le sentiment de votre Adversaire au lieu de le prévenir.

C'est donc ici uniquement une méprise de l'amour propre. Votre ennemi n'avait pas assez examiné cette Lettre que vous lui aviez remise entre les mains. Il croyait qu'elle contenait sa pensée, & elle contenait sa réfutation. Fallait-il donc qu'il employât tant d'artifices & de violence, qu'il fatiguât tant de Puissances, & qu'il poursuivît enfin ceux qui condamnent aujourd'hui ſa mépriſe & ſon procédé, pour quatre lignes de Leibnitz mal entendues, pour une diſpute qui n'eſt nullement éclaircie, & dont le fond me paraît la choſe la plus frivole.

Pardonnez-moi cette liberté; vous ſçavez, Monſieur, que je ſuis un peu enthouſiaſte ſur ce qui me paraît vrai. Vous avez été témoin que je ne ſacrifie mon ſentiment à perſonne. Vous vous ſouvenez des deux années que nous avons paſſées enſemble dans une retraite Philoſophique avec une Dame d'un génie étonnant, & digne d'être inſtruite par vous dans les Mathématiques. Quelque amitié qui m'attachât à elle & à vous, je me déclarai toujours contre votre ſentiment & le ſien ſur la diſpute des *forces vives*. Je ſoutins effrontément le parti de M. de Mairan contre vous deux, & ce qu'il y eut de plaiſant, c'eſt que lorſque cette Dame écrivit enſuite contre M. de Mairan ſur ce point de Mathématique, je corrigeai ſon ouvrage, & j'écrivis contr'elle. J'en uſai de même ſur les monades & ſur l'harmonie préétablie, auxquelles je vous avoue que je ne crois point du tout. Enfin, je ſoutins toutes mes héréſies, ſans altérer le moins du monde la charité. Je ne pus ſacrifier ce qui me paraiſſait la vérité à une perſonne à qui j'aurais ſacrifié ma vie.

Vous ne ſerez donc pas ſurpris que je vous diſe avec cette franchiſe intrépide, qui vous eſt connue, que toutes ces diſputes, où un mélange de Métaphyſique vient égarer la Géométrie, me paraiſſent des jeux d'eſprit, qui l'exercent & qui ne l'éclairent point. La querelle des *forces vives* était abſolument dans ce cas. On écrirait cent volumes, pour & contre, ſans rien changer jamais dans la Méchanique; il eſt clair qu'il faudra toujours le même nombre de chevaux pour tirer les mêmes fardeaux, & la même charge de poudre pour un boulet de canon, ſoit qu'on multiplie la maſſe par la vîteſſe, ſoit qu'on la multiplie par le quarré de la vîteſſe.

Souffrez que je vous diſe que la diſpute ſur la moindre action eſt beaucoup plus frivole encore. Il ne me paraît de vrai dans tout cela que l'ancien axiome: que la nature agit toujours par les voies les plus ſimples. Encore cette maxime demande-t-elle beaucoup d'explications.

Si M. de M.... a inventé depuis peu ce principe, à la bonne heure: mais il me ſemble qu'il n'eût pas fallu déguiſer ſous des termes ambigus une choſe ſi claire, & que ce ſerait la traveſtir en erreur que de prétendre, avec le P. Mallebranche, que Dieu emploie toujours *la moindre quantité d'actions*. Nos bras, par exemple, ſont des leviers de la troiſieme eſpece qui exercent une force de plus de cinquante livres pour en lever une : le cœur par ſa ſyſtole & ſa diaſtole, exerce une force prodigieuſe pour exprimer une goutte de ſang qui ne peſe pas une dragme. Toute la Nature eſt pleine de pareils exemples. Elle montre dans mille occaſions plus de profuſion que d'économie.

Heureuſement, Monſieur, toutes nos diſputes pointilleuſes ſur des principes ſujets à tant d'exceptions, ſur des aſſertions vraies en pluſieurs cas, & fauſſes dans d'autres, n'empêcheront pas la Nature de ſuivre ſes loix inviſibles & éternelles. Malheur au genre humain, ſi le monde était comme la plûpart des Philoſophes veulent le faire. Nous reſſemblons aſſez à *Matthieu Garo*, qui affirmait que les citrouilles devaient croître au haut des plus grands arbres, afin que les choſes fuſſent en proportion : vous sçavez comment *Matthieu Garo* fut détrompé, quand un gland de chêne lui tomba sur le nez dans le tems qu'il raisonnait en profond Métaphysicien.

Voyez donc, Monsieur, ce que c'est que de ne vouloir trouver la preuve de l'existence de Dieu, que dans une formule d'Algebre sur le point le plus obscur de la Dynamique, & assurément sur le point le plus obscur dans l'usage. « Vous allez vous fâcher contre moi, » mais je ne m'en soucie gueres. » Feu M. l'Abbé Conti disoit au grand Newton, & je pense, avec l'Abbé Conti, qu'à l'exception d'une quarantaine de Théorêmes principaux qui sont utiles, les recherches profondes de la Géométrie ne sont que l'aliment d'une curiosité ingénieuse; & j'ajoute que toutes les fois que la Métaphysique s'y joint, cette curiosité est bien trompée. La Métaphysique est le nuage qui dérobe aux héros d'Homere l'ennemi qu'ils croyaient saisir.

Mais que pour une dispute si frivole, pour une bagatelle difficile, pour une erreur de nulle conséquence, confondue avec une vérité triviale, on intente un procès criminel dans les formes, qu'on faſſe déclarer fauſſaire un honnête homme, un compagnon d'étude, un ancien ami ; c'eſt ce qui eſt en vérité bien douloureux.

Vous nous avez appris dans votre Appel une violence bien plus ſinguliere ; on m'a écrit des Lettres de Paris pour ſçavoir ſi la choſe était vraie. Vous dites, & il n'eſt que trop véritable, que M.... après avoir réuſſi, comme il lui était ſi aiſé, à vous faire condamner, a écrit & fait écrire pluſieurs fois à Madame la Princeſſe d'Orange, de qui vous dépendez, pour vous impoſer ſilence, & pour vous faire conſentir vous-même à votre deshonneur. Vous croyez bien que toute l'Europe Littéraire trouve ſon procédé un peu dur & fort inoui. M.... aura la gloire d'avoir fait ce qu'aucun Souverain n'a jamais oſé. Aveuglé par une mépriſe où il était tombé, il a ſoutenu cette mépriſe par une perſécution, il a fait condamner & flétrir un honnête homme ſans l'entendre, & lui a ordonné enſuite de ne point ſe défendre & de ſe taire.

Quel homme de Lettres n'eſt ſaiſi d'une juſte indignation contre une cruauté, ménagée d'abord avec tant d'artifices, & ſoutenue enfin avec tant de dureté ? Où en ſeraient les Lettres & les études en tout genre, ſi on ne peut être d'un ſentiment oppoſé à celui d'un homme qui a ſçu ſe procurer du crédit. Quoi ! Monſieur, ſi je diſais que tous les angles d'un triangle ſont égaux à deux droits, & que le Préſident de l'Académie de Pétersbourg eût dit le contraire, il ſerait donc en droit de me faire condamner & de m'ordonner le ſilence ?

Vos plaintes ont été accompagnées des plaintes de tous les gens de Lettres de l'Europe ; leurs voix ſe ſont jointes à la vôtre, & pour unique réponſe, M..... imprime qu'on ne doit pas ſçavoir ce qu'il a écrit à Madame la Princeſſe d'Orange, que ce ſont des ſecrets entre lui & elle qu'il faut reſpecter. Cette réponſe eſt le dernier coup de pinceau du tableau, & j'avoue qu'on devait s'y attendre.

J'étais plein de ma ſurpriſe & de mon indignation, ainſi que tous ceux qui ont lu votre Appel ; mais l'une & l'autre ceſſent dans ce moment-ci. On m'apporte un volume de Lettres que M.... a fait imprimer, il y a un mois ; je ne peux plus que le plaindre ; il n'y a plus à ſe fâcher : c'est un homme qui prétend, que, pour mieux connaître la nature de l'ame, il faut aller aux terres Australes disséquer des cerveaux de géans, hauts de douze pieds : & des hommes velus portant une queue de singe.

Il veut qu'on enyvre des gens avec de l'opium, pour épier dans leurs rêves les ressorts de l'entendement humain.

Il propose de faire un grand trou qui pénétre jusqu'au noyau de la terre.

Il veut qu'on enduise les malades de poix-résine, & qu'on leur perce la chair avec de longues aiguilles; bien entendu qu'on ne payera pas le Médecin, si le malade ne guérit pas.

Il prétend que les hommes pourraient vivre encore huit à neuf cens ans, si on les conservait par la même méthode qu'on empêche les œufs d'éclorre. La maturité de l'homme, dit-il, n'est pas l'âge viril, c'est la mort. Il n'y a qu'à reculer ce point de maturité.

Enfin, il assure qu'il est aussi aisé de voir l'avenir que le passé; que les prédictions sont de même nature que la mémoire; que tout le monde peut prophétiser que; cela ne dépend que d'un dégré de plus d'activité dans l'esprit, &

qu'il n'y a qu'à exalter ſon ame.

Tout ſon Livre eſt plein d'un bout à l'autre d'idées de cette force. Ne vous étonnez donc plus de rien. Il travaillait à ſon Livre, lorſqu'il vous perſécutait; & je puis dire, Monſieur, lorſqu'il me tourmentait auſſi d'une autre maniere: le même eſprit a inſpiré ſon ouvrage & ſa conduite.

Tout cela n'eſt point connu de ceux qui, chargés des grandes affaires, occupés du gouvernement des Etats, & du devoir de rendre heureux les hommes, ne peuvent baiſſer leurs regards ſur des querelles & ſur de pareils ouvrages. Mais moi, qui ne ſuis qu'un homme de Lettres, moi qui ai toujours préféré ce titre à tout, moi dont le métier eſt, depuis plus de quarante ans, d'aimer la vérité & de la dire hardiment, je ne cacherai point ce que je penſe. On dit que votre adverſaire eſt actuellement très-malade, je ne le ſuis pas moins; & s'il porte dans ſon tombeau ſon injuſtice & ſon Livre, je porterai dans le mien la juſtice que je vous rends. Je ſuis, avec autant de vérité que j'en ai mis dans ma Lettre, &c.

REMERCIMENT SINCERE

A UN HOMME CHARITABLE.

Vous avez rendu ſervice au genre humain en vous déchaînant ſagement contre des ouvrages faits pour le pervertir. Vous ne ceſſez d'écrire contre l'*Eſprit des Loix*, & même il paraît à votre ſtyle que vous êtes l'ennemi de toutes ſortes d'eſprits. Vous avertiſſez que vous avez préſervé le monde du venin répandu dans l'*Eſſai ſur l'Homme*, de Pope; Livre que je ne ceſſe de relire, pour me convaincre de plus en plus de la force de vos raiſons & de l'importance de vos ſervices. Vous ne vous amuſez pas, Monſieur, à examiner le fond de l'ouvrage ſur les Loix, à vérifier les citations, à diſcuter s'il y a de la juſteſſe, de la profondeur, de la clarté, de la ſageſſe; ſi les chapitres naiſſent les uns des autres, s'ils forment un tout enſemble; ſi enfin ce Livre, qui devrait être utile, ne ſerait pas par malheur un Livre agréable.

Vous allez d'abord au fait, & regardant M. de M*** comme le Diſciple de

Pope, vous les regardez tous deux comme les Disciples de Spinosa. Vous leur reprochez, avec un zele merveilleux, d'être Athées; parce que vous découvrez, dites-vous, dans toute leur Philosophie les principes de la Religion naturelle. Rien n'est assurément, Monsieur, ni plus charitable, ni plus judicieux, que de conclure qu'un Philosophe ne connaît point de Dieu, de cela même qu'il pose pour principe que Dieu parle au cœur de tous les hommes.

Un honnête homme est le plus noble ouvrage de Dieu, dit le célebre Poëte Philosophe. Vous vous élevez au-dessus de l'honnête homme; vous confondez ces maximes funestes, que la Divinité est l'auteur & le lien de tous les Êtres, que tous les hommes sont freres, que Dieu est leur pere commun, qu'il faut ne rien innover dans la Religion, ne point troubler la paix établie par un Monarque sage, qu'on doit tolérer les sentimens des hommes, ainsi que leurs défauts. Continuez, Monsieur, écrasez cet affreux libertinage, qui est, au fond, la ruine de la Société. C'est beaucoup que par vos G. E. vous ayez saintement essayé de tourner en ridicule toutes les Puissances;

& quoique la grace d'être plaisant vous ait manqué, *volenti & conanti*, cependant vous avez le mérite d'avoir fait tous vos efforts pour écrire agréablement des invectives. Vous avez voulu quelquefois réjouir les Saints; mais vous avez souvent essayé d'armer chrétiennement les Fideles les uns contre les autres. Vous prêchez le Schisme pour la plus grande gloire de Dieu. Tout cela est très-édifiant; mais ce n'est point encore assez.

Votre zele n'a rien fait qu'à demi, si vous ne parvenez pas à faire brûler les Livres de Pope, de Locke & de Bayle, l'*Esprit des Loix*, dans un bucher, auquel on mettra le feu avec un paquet de Nouvelles Ecclésiastiques.

En effet, Monsieur, quels maux épouvantables n'ont pas fait dans le Monde une douzaine de vers répandus dans l'*Essai sur l'Homme* de ce scélérat de Pope, cinq ou six articles du *Dictionnaire* de cet abominable Bayle, une ou deux pages de ce coquin de Locke, & d'autres incendiaires de cette espece. Il est vrai que ces hommes ont mené une vie pure & innocente, que tous les honnêtes gens les chérissaient & les consultaient; mais c'est par-là qu'ils sont dangereux. Vous voyez leurs Sectateurs, les armes à la main, troubler les Royaumes, porter par-tout le flambeau des guerres civiles. Montagne, Charron, le Président de Thou, Descartes, Gassendi, Rohault, le Vayer, ces hommes affreux, qui étaient dans les mêmes principes, bouleverserent tout en France. C'est leur Philosophie qui fit donner tant de batailles, & qui causa la Saint Barthelemi. C'est leur esprit de tolérantisme qui est la ruine du Monde; & c'est votre saint zele qui répand par-tout la douceur de la concorde.

Vous nous apprenez que tous les partisans de la Religion naturelle sont les ennemis de la Religion Chrétienne. Vraiment, Monsieur, vous avez fait là une belle découverte! Ainsi dès que je verrai un homme sage, qui dans sa Philosophie reconnaîtra par-tout l'Être suprême, qui admirera la Providence dans l'infiniment grand & l'infiniment petit, dans la production des Mondes & dans celle des insectes, je conclurai de-là qu'il est impossible que cet homme soit Chrétien. Vous nous avertissez qu'il faut penser ainsi aujourd'hui de tous les Philosophes. On ne pouvait certainement rien dire de plus ſenſé & de plus utile au Chriſtianiſme, que d'aſſurer que notre Religion eſt baffouée dans toute l'Europe, par tous ceux dont la profeſſion eſt de chercher la vérité. Vous pouvez vous vanter d'avoir fait là une réflexion dont les conſéquences ſeront bien avantageuſes au Public.

Que j'aime encore votre colere contre l'Auteur de l'*Eſprit des Loix*, quand vous lui reprochez d'avoir loué les Solons, les Platons, les Socrates, les Ariſtides, les Cicerons, les Catons, les Epictetes, les Antonins & les Trajans! On croirait à votre dévote fureur contre ces gens-là, qu'ils ont tous ſigné le Formulaire. Quels monſtres, Monſieur, que tous ces grands hommes de l'Antiquité! Brûlons tout ce qui nous reſte de leurs écrits, avec ceux de Pope & de Locke, & de M. de M***. En effet, tous ces anciens Sages ſont vos ennemis; ils ont tous été éclairés par la Religion naturelle; & la vôtre, Monſieur, je dis la vôtre en particulier, paraît ſi fort contre la Nature, que je ne m'étonne pas que vous déteſtiez ſincerement tous ces illuſtres réprouvés, qui ont fait, je ne ſçais comment, tant de bien à la Terre. Remerciez Dieu de n'avoir rien de commun, ni avec leur conduite, ni avec leurs écrits.

Vos ſaintes idées ſur le Gouvernement politique ſont une ſuite de votre ſageſſe. On voit que vous connaiſſez le Royaume de la Terre tout comme le Royaume des Cieux. Vous condamnez de votre autorité privée les gains que l'on fait dans les riſques maritimes. Vous ne ſçavez pas probablement ce que c'eſt que l'argent à la groſſe; mais vous appellez ce commerce *uſure*.

C'eſt une nouvelle obligation que le Roi vous aura d'empêcher ſes Sujets de commercer à Cadix. Il faut laiſſer cette œuvre de Satan aux Anglais & aux Hollandais, qui ſont déjà damnés ſans reſſource. Je voudrais, Monſieur, que vous nous diſſiez combien vous rapporte le commerce ſacré des Nouvelles Eccléſiaſtiques. Je crois que la bénédiction répandue ſur ce chef-d'œuvre, peut bien faire monter le profit à trois cens pour cent Il n'y a point de commerce profane qui ait jamais ſi bien rendu.

Le commerce maritime, que vous condamnez, pourrait être excuſé peut-être en faveur de l'utilité publique, de la hardieſſe d'envoyer ſon bien dans un autre hémiſphere, & du riſque des naufrages. Votre petit négoce a une utilité plus ſenſible ; il demande plus de courage & expoſe à de plus grands riſques.

Quoi de plus utile, en effet, que d'inſtruire l'Univers quatre fois par mois des aventures de quelques Clercs tonſurés ! Quoi de plus courageux que d'outrager les Papes & les Evêques ? Et quel riſque, Monſieur, que ces petites humiliations que vous pourriez eſſuyer en place publique ! Mais je me trompe : il y a des charmes à ſouffrir pour la bonne cauſe ; il vaut mieux obéir à Dieu qu'aux hommes, & vous me paraiſſez tout fait pour le martyre, que je vous ſouhaite cordialement, étant votre très-humble & très-obéiſſant ſerviteur, &c.

PRÉFACE DE LA HENRIADE,

De l'Edition de Londres, 1730.

CETTE nouvelle édition de la HENRIADE, a été faite d'après un nouveau Manuſcrit de l'Auteur, ſous les yeux d'un ami qui s'eſt chargé de l'impreſſion, & qui a composé le peu de notes qu'on a crues néceſſaires à l'ouvrage.

Ce Poëme fut commencé en l'année 1717. M. de V*** n'avait alors que dix-neuf ans; & quoiqu'il eût déjà fait la Tragédie d'*Œdipe*, (qui n'avait pas encore été repréſentée,) il était très-incapable de faire un Poëme épique à cet âge. Auſſi ne commença-t-il la Henriade que dans le deſſein de ſe procurer un ſimple amuſement dans un tems, & dans un lieu où il ne pouvait gueres faire que des vers. Il avait alors le malheur d'être priſonnier par lettre de cachet dans la Baſtille. Il n'eſt pas inutile de dire que la calomnie lui avait attiré cette diſgrace, ſon innocence ayant été reconnue, lui valut les bienfaits de la Cour ; ce qui ſert également à la juſtification de l'Auteur, & du gouvernement. Il n'y a point dans le monde de Miniſtre qui ne ſoit expoſé à faire d'extrêmes injuſtices. Le plus juſte eſt celui qui répare les ſiennes.

L'Auteur ayant été près d'un an dans cette très-dure priſon, ſans papier & ſans Livres, y compoſa pluſieurs ouvrages, & les retint de mémoire. Mais la Henriade fut le ſeul qu'il écrivit au ſortir de la Baſtille. Il n'en avait alors que ſix chants, dont il ne reſte aujourd'hui que le ſecond, qui contient les maſſacres de la S. Barthelemi, les cinq autres étaient très-faibles, & ont depuis été travaillés ſur un autre plan : mais il n'a jamais rien pû changer à ce ſecond Chant, qui eſt peut-être encore le plus fort de tout l'ouvrage ; preuve certaine que le ſuccès eſt preſque toujours dans le choix du ſujet.

La ſanté qu'il perdit dans cette année de priſon, & les infirmités continuelles dont il fut accablé depuis, ne lui permirent de travailler à la Henriade que faiblement & de loin à loin.

En l'année 1723, il parut une édition

de ce Poëme ſous le nom de LA LIGUE. L'ouvrage était informe, tronqué*, plein de lacunes : il y manquait un Chant, & les autres étaient déplacés. De plus il était annoncé comme un Poëme épique, eſpece d'ouvrage qui n'avait jamais réuſſi dans la Langue Françaiſe, & dont le titre ſeul promettait de l'ennui. Cependant la mémoire de Henri IV eſt ſi chere aux Français, que ce Poëme fut lû avec aſſez d'indulgence, & on en fit même plus d'une édition.

En l'année 1726, l'Auteur étant en Angleterre, y trouva une protection générale, & des encouragemens qu'il n'eût jamais pu eſpérer ailleurs. On y favoriſa avec empreſſement l'impreſſion d'un ouvrage Français écrit avec liberté, & d'un Poëme plein de vérités, ſans flatterie.

La Henriade parut donc alors pour la premiere fois ſous ſon véritable nom en dix Chants ; & ce fut d'après les éditions de Londres, que furent faites depuis celles d'Amſterdam, de la Haye & de Genève, aſſez inconnues en France par l'interruption du commerce de la Librairie avec les Etrangers.

L'Auteur ayant encore depuis fait de grands changemens à la Henriade, donne aujourd'hui cette nouvelle édition, comme moins mauvaise que toutes les précédentes, mais comme fort éloignée de la perfection dont il ne s'est jamais flatté d'approcher.

Du tems où il commença ce Poëme jusqu'à cette présente édition de l'année 1730, il s'est passé treize années sans qu'il ait pu donner la derniere main à son ouvrage,

Tant l'esprit est borné, tant l'art est étendu (1).

PRÉFACE

De l'Edition de 1737, par M. Linant.

On donne cette nouvelle édition, à laquelle l'Auteur n'a d'autre part & d'autre intérêt que celui d'avoir beaucoup corrigé la Henriade, & d'avoir travaillé à rendre de plus en plus cet ouvrage digne

(1) Ce vers se trouve dans la Traduction libre que M. l'Abbé *du Resnel* a faite de l'Essai de la Critique de M. *Pope*, Traduction estimée, & presque la seule qui ait fait connaître que les Français peuvent traduire des Poëmes en vers.

gne du Public & du siecle éclairé où nous vivons : c'est ainsi qu'en usait M. Despréaux, le premier des Français qui mit de la correction & de l'élégance dans la composition de nos vers de six pieds, qui sont de tous les vers les plus difficiles à faire ; il corrigeait ses ouvrages à chaque édition ; cette attention si louable est bien plus nécessaire encore dans un Poëme épique, que dans des ouvrages détachés ; car il est bien plus naturel de faire quelques faux pas dans une longue carriere, que dans une petite.

L'Auteur de la Henriade s'est attaché sur-tout à peindre des détails que l'on n'avait jamais exprimés noblement en Français, & qui avaient été l'écueil de tous nos Poëmes épiques. Cela fait voir que notre Langue peut exprimer les mêmes choses que la Grecque & la Latine, & que les idées les plus communes peuvent être ennoblies à Paris comme à Athènes & à Rome, par le charme de la Poësie ; c'est-là sans doute la meilleure maniere de confondre ceux qui n'ayant lû Homere que dans des Traductions, trouvent les descriptions & les comparaisons qui sont dans l'Iliade basses & puériles. M. Perrault & M. de la Motte condamnaient Homere d'avoir comparé des Héros à des chiens.

Qu'on lise ce nouveau morceau de la Henriade au huitieme Chant, on verra qu'une telle comparaison peut être très-digne de la majesté de l'Epopée.

De Ligueurs en tumulte une foule s'avance :
Tels, au fond des forêts, précipitans leurs pas,
Ces animaux hardis, nourris pour les combats,
Fiers esclaves de l'homme & nés pour le carnage,
Pressent un Sanglier, en raniment la rage:
Ignorans le danger, aveuglés, furieux,
Le Cor excite au loin leur instinct belliqueux.
Les antres, les rochers, les monts en retentissent.
Ainsi contre Bourbon, mille ennemis s'unissent,
Il est seul contre tous abandonné du sort,
Accablé par le nombre, entouré de la mort.

On trouve plusieurs nouveaux traits pareils dans cette édition, & beaucoup de vers changés.

L'Auteur a eu soin de ne rimer que pour les oreilles & non pour les yeux. L'harmonie de la rime résulte uniquement du retour des mêmes ſons. C'eſt de la prononciation des paroles & non de la maniere dont on les écrit que doit dépendre la rime. C'eſt auſſi pour cette raiſon qu'on ne fait plus rimer *fier* avec *foyerr* parce qu'on prononce *foyé* & qu'on ne prononce pas *fié*. C'eſt être exact que de rimer ſelon la prononciation des ſyllabes, & c'eſt pécher contre l'exactitude, que de ne rimer richement qu'aux yeux.

On a imprimé *Français* par un *a* comme dans l'édition de *Zaïre*, pour ſe conformer à l'uſage très-raiſonnable, & qui ſe confirme tous les jours de prononcer *Français* & non pas *François*. Cette orthographe était d'autant plus néceſſaire dans la Henriade, qu'il y eſt parlé de *S. François*, Fondateur des Cordeliers.

Sous l'habit d'Auguſtin, ſous le froc de François.

Il ſerait fort ridicule d'écrire & de prononcer un *François* comme on prononce *S. François* par un *o*.

On a mis au-devant de cette édition la Lettre de M. Cochi, regardé à Florence comme un homme plein de ſçavoir & de goût. On l'avait déjà imprimée ailleurs ; mais c'eſt ici ſa véritable place.

On trouvera dans cette Lettre une idée neuve & hardie, c'eſt que le merveilleux n'eſt pas ce qui lui plaît le plus dans les Poëmes Epiques. Cela paraît très-vrai, & ſûrement Armide & Renaud, Didon & Enée ſont plus intéreſſans que les meſſages de Mercure & que la haine de Junon. S'il n'y avait que ce qu'on appelle du merveilleux dans les Poëmes anciens, ils ne ſeraient que des Recueils des Miracles du Paganiſme.

Mais je ne crois pas, comme M. Cochi, qu'on doive bannir ce merveilleux ; il doit ſeulement être employé avec ſobriété dans une Religion auſſi ſévere que la nôtre, & dans un ſiecle où la raiſon eſt devenue auſſi ſévere que la Religion.

C'eſt au Lecteur équitable à juger ſi l'Auteur de la Henriade a ſçu garder ce juſte tempérament. Tant d'éditions n'ont pu encore le rendre content de ſon propre ouvrage : mais je dirais que le Public doit l'être, ſi la reconnaiſſance & tous les ſentimens que je dois à M. de V***, ne rendaient mon témoignage ſuſpect de trop de zele ; d'ailleurs je crois que la Henriade le loue mieux que tout ce qu'on pourrait en dire.

LETTRE
A
L'ACADÉMIE FRANÇAISE.

1756.

MESSIEURS, je crois qu'il n'appartient qu'à ceux qui ſont, comme vous, à la tête de la Littérature, d'adoucir les nouveaux déſagrémens auxquels les gens de Lettres ſont expoſés depuis quelques années. Lorſqu'on donne une piéce de Théâtre à Paris, ſi elle a un peu de ſuccès, on la tranſcrit d'abord aux repréſentations, & on l'imprime ſouvent pleine de fautes. Des curieux ſont-ils en poſſeſſion de quelques fragmens d'un ouvrage, on ſe hâte d'ajuſter ces fragmens comme on peut; on remplit les vuides au haſard, & on donne hardiment, ſous le nom de l'Auteur, un Livre qui n'eſt pas le ſien. C'eſt à la fois le voler & le défigurer. C'eſt ainſi qu'on s'aviſa d'imprimer ſous mon nom, il y a deux ans, ſous le titre ridicule d'*Hiſtoire Univerſelle*, deux petits volumes ſans ſuite &

ſans ordre, qui ne contenaient pas l'Hiſtoire d'une Ville, & où chaque date était une erreur. Quand on ne peut imprimer l'ouvrage dont on eſt en poſſeſſion, on le vend en manuſcrit; & j'apprends qu'à préſent on débite de cette maniere quelques fragmens, informes & falſifiés, des Mémoires que j'avais amaſſés dans les Archives publiques ſur la guerre de 1741. On en uſe encore ainſi à l'égard d'une plaiſanterie faite, il y a plus de trente ans, ſur le même ſujet qui rendit Chapelain ſi fameux. Les copies manuſcrites, qu'on m'en a envoyées de Paris, ſont de telle nature qu'un homme qui a l'honneur d'être votre confrere, qui ſçait un peu ſa langue, & qui a puiſé quelque goût dans votre Société & dans vos Ecrits, ne ſera jamais ſoupçonné d'avoir compoſé cet ouvrage tel qu'on le débite. On vient de l'imprimer d'une maniere, non moins ridicule & non moins révoltante. Ce Poëme a été d'abord imprimé à Francfort, quoiqu'il ſoit annoncé de Louvain, & l'on vient d'en donner en Hollande deux éditions, qui ne ſont pas plus exactes que la premiere: cet abus de nous attribuer des ouvrages que nous n'avons pas faits, de falſifier ceux que nous avons faits,

& de vendre ainſi notre nom, ne peut être détruit que par le décri dans lequel ces œuvres de ténébres doivent tomber.

C'eſt à vous, Meſſieurs, & aux Académies formées ſur votre modéle, dont j'ai l'honneur d'être aſſocié, que je dois m'adreſſer. Lorſque des hommes comme vous élevent leurs voix, pour réprouver tous ces ouvrages que l'ignorance & l'avidité débitent, le Public que vous éclairez eſt bientôt déſabuſé. Je ſuis, avec beaucoup de reſpect, &c.

RÉPONSE.

MONSIEUR, l'Académie eſt très-ſenſible aux chagrins que vous cauſent les éditions furtives & défigurées, dont vous vous plaignez. C'eſt un malheur attaché à la célébrité. Ce qui doit vous conſoler, Monſieur, c'eſt de ſçavoir que les Lecteurs capables de ſentir le mérite de vos Ecrits, ne vous attribueront jamais les ouvrages que l'ignorance & la malignité vous imputent, & que tous les honnêtes gens partagent votre peine. En vous rendant compte des ſentimens de l'Académie, je vous prie d'être persuadé, &c. DUCLOS, *Séc. Perp.*

AUTRE LETTRE.

MESSIEURS, daignez recevoir mes très-humbles remercimens de la sensibilité publique que vous avez témoignée sur le vol & la publication de mes manuscrits, & permettez-moi d'ajouter que cet abus introduit, depuis quelques années dans la Librairie, doit vous intéresser personnellement. Vos ouvrages, qui excitent plus d'empressement que les miens, ne seront pas exempts d'une pareille rapacité.

L'Histoire prétendue de la guerre de 1741, qui paraît sous mon nom, est non seulement un ouvrage à la vérité défigurée en plusieurs endroits, mais un manque de respect à notre Nation : la gloire qu'elle a acquise dans cette guerre, méritait une Histoire imprimée avec plus de soin. Mon véritable ouvrage, composé à Versailles sur les Mémoires des Ministres & des Généraux, est depuis plusieurs années entre les mains de M. le Comte d'Argenſon, & n'en eſt point ſorti. Ce Miniſtre ſçait à quel point l'Hiſtoire que j'ai écrite differe de celle qu'on m'attribue. La mienne finit au Traité d'Aix-la-Chapelle, & celle qu'on débite ſous mon nom ne va que juſqu'à la bataille de Fontenoy; c'eſt un tiſſu informe de quelques-unes de mes minutes dérobées & imprimées par des hommes également ignorans. Les interpolations, les omiſſions, les mépriſes, les menſonges y ſont ſans nombre. L'Editeur ne ſçait ſeulement pas le nom des perſonnes & des pays dont il parle : & pour remplir les vuides du manuſcrit, il a copié preſque mot à mot près de trente pages du Siécle de Louis XIV. Je ne puis mieux comparer cet avorton qu'à cette Hiſtoire Univerſelle, qui a été imprimée ſous mon nom il y a quelques années. Je ſçais que tous les gens de Lettres de Paris ont marqué leur juſte indignation de ces procédés. Je ſçais avec quel mépris & avec quelle horreur on a vu les notes dont un Editeur a défiguré le Siécle de Louis XIV. Je dois m'adreſſer à vous, Meſſieurs, dans ces occaſions avec d'autant plus de confiance que je n'ai travaillé, comme vous, que pour la gloire de ma patrie, & qu'elle ſerait flétrie par ces éditions indignes, ſi elle pouvait l'être.

Je ne vous parle point, Meſſieurs, de je ne ſçais quel Poëme, entierement défiguré, qui paraît auſſi depuis peu. Ces œuvres de ténébres ne méritent pas d'être relevées, & ce ſeroit abuſer des bontés dont vous m'honorez. Je vous en demande la continuation.

EXTRAIT D'UNE LETTRE

Sur le Poëme de la PUCELLE.

Il y a trente ans que pour m'amuſer je voltigeais ſur cette corde, & deux ou trois mauvais Gilles en ont voulu faire autant dans le Préau de leur Foire; je leur abandonne cette ſottiſe, à laquelle mon âge, mes maladies, ma façon de penſer ne me permettent pas de faire déſormais la moindre attention.

PRÉFACE

DE L'ANTI-MACHIAVEL.

Je crois rendre ſervice aux hommes en publiant l'*Examen de Machiavel.* L'illuſtre Auteur de cette Réfutation eſt une de ces grandes ames que le Ciel forme rarement pour ramener le genre-humain à la vertu, par leurs préceptes & par leurs exemples. Il mit par écrit ſes penſées, il y a quelques années, dans le ſeul deſſein d'écrire des vérités que ſon cœur lui dictait. Il était encore très-jeune; il voulait ſeulement ſe former à la ſageſſe & à la vertu; il comptait ne donner des leçons qu'à ſoi-même; mais ces leçons qu'il s'eſt données méritent d'être celles de tous les Rois, & peuvent être la ſource du bonheur des hommes. Il me fit l'honneur de m'envoyer ſon manuſcrit; je crus qu'il était de mon devoir de lui demander la permiſſion de le publier. Le poiſon de Machiavel eſt trop public, il fallait que l'antidote le fût auſſi; on s'arrachait à l'envi les copies manuſcrites, il en courait déjà de très-fautives,

& l'ouvrage allait paraître défiguré, si je n'avais eu le soin de fournir cette copie exacte, à laquelle j'espere que les Libraires se conformeront.

On sera sans doute étonné, quand j'apprendrai aux Lecteurs, que celui qui écrit en Français d'un style si noble, si énergique & souvent si pur, est un jeune Etranger, qui n'était encore jamais venu en France. On trouvera même qu'il s'exprime beaucoup mieux qu'Amelot de la Houssaye, que je fais imprimer à côté de la réfutation; mais c'est ainsi que celui dont je publie l'ouvrage a réussi dans toutes les choses auxquelles il s'est appliqué. Qu'il soit Anglais, Espagnol ou Italien, il n'importe, ce n'est pas de sa patrie, mais de son Livre dont il s'agit ici. Je le crois mieux fait & mieux écrit que celui de Machiavel; & c'est un bonheur pour le genre humain, qu'enfin la vertu ait été mieux ornée que le vice.

Maître de ce précieux dépôt, j'ai laissé exprès quelques expressions de génie qui ne sont pas tout-à-fait Françaises, mais qui méritent de l'être; & j'ose dire que ce Livre peut à la fois perfectionner notre Langue & nos mœurs. Au reste, j'avertis que tous les Chapitres ne sont pas autant de réfutations de Machiavel, parce que cet Italien ne prêche pas le crime dans tout ſon Livre. Il y a quelques endroits de l'ouvrage que je préſente, qui ſont plutôt des réflexions ſur Machiavel, que contre Machiavel ; voilà pourquoi je donne au Livre le titre d'*Examen*.

L'illuſtre Auteur ayant pleinement répondu à Machiavel, mon partage ſera ici de répondre en peu de mots à la Préface d'Amelot de la Houſſaye. Ce Traducteur a voulu ſe donner pour un Politique ; mais je puis aſſurer que celui qui combat ici Machiavel eſt véritablement ce qu'Amelot veut paraître.

Amelot était un de ces Auteurs qui compoſent pour vivre, & ce qu'on peut dire peut-être de plus favorable pour lui, c'eſt qu'il traduiſit le *Prince de Machiavel*, & en ſoûtint les maximes plutôt dans l'intention de débiter ſon Livre que dans celle de perſuader : il parle beaucoup de raiſon d'Etat dans ſon Epître dédicatoire, mais un homme * qui n'a pas eu le ſecret de ſe tirer de la miſere, entend mal à mon gré la raiſon d'Etat.

Il veut juſtifier ſon Auteur par le té-

* Ayant été Sécrétaire d'Ambaſſade.

moignage de Juſte-Lipſe, qui avait, dit-il, autant de piété & de Religion que de ſçavoir & de politique. Sur quoi je remarquerai, 1°. que Juſte-Lipſe & tous les ſçavans dépoſeraient en vain en faveur d'une doctrine funeſte au genre humain; 2°. que la *Piété* & la *Religion* dont on ſe pare ici très-mal à propos enſeignent tout le contraire; 3°. que Juſte-Lipſe né Catholique, devenu Luthérien, puis Calviniſte, & enfin redevenu Catholique, ne paſſa jamais pour un homme Religieux, malgré ſes très-mauvais vers pour la Vierge; 4°. que ſon gros Livre de Politique eſt le plus mépriſé de ſes ouvrages, tout dédié qu'il eſt aux Empereurs, Rois & Princes; 5°. qu'il dit préciſément le contraire de ce qu'Amelot lui fait dire. » Plût à Dieu, dit Juſte-» Lipſe, page 9 de l'édition de Plantin, » que Machiavel eût conduit ſon Prince » au Temple de la vertu & de l'hon-» neur; mais en ne ſuivant que l'utile, » il s'eſt trop écarté du chemin royal de » l'honnête. «

Amelot a ſupprimé exprès ces paroles. La mode de ſon tems était encore de citer mal à propos: mais altérer un paſſage auſſi eſſentiel, ce n'eſt pas être pédant, ce n'eſt pas ſe tromper; c'eſt calomnier. Le grand homme dont je ſuis l'Editeur, ne cite point; mais ou je me trompe fort, ou il ſera cité à jamais par tous ceux qui aimeront la raiſon ou la juſtice.

Amelot s'efforce de prouver que Machiavel n'eſt point impie : il s'agit bien ici de piété. Un homme donne au monde des leçons d'aſſaſſinat & d'empoiſonnement, & ſon Traducteur oſe parler de ſa dévotion.

Les Lecteurs ne prennent point ainſi le change. Amelot a beau dire que ſon Auteur a beaucoup loué les Cordeliers & les Jacobins; il n'eſt point ici queſtion de Moines, mais de Souverains à qui l'Auteur voulait enſeigner l'art d'être méchans, qu'on ne ſçavait que trop ſans lui.

D'ailleurs croirait-on bien juſtifier Miriwits, Cartouche, ou Ravaillac, en diſant qu'ils avaient de très-bons ſentimens ſur la Religion, & ſe ſervira-t-on toujours de ce mot ſacré pour flétrir les plus honnêtes gens, & pour juſtifier les plus corrompus & les plus criminels?

Céſar Borgia, dit encore le Traducteur, *eſt un bon modéle pour les Princes nouveaux*; c'eſt-à-dire, pour les uſurpateürs. Mais premierement, tout Prince nouveau n'eſt point uſurpateur : les Médicis étaient nouvellement Princes, & on ne pouvait leur reprocher d'uſurpation. Secondement, l'exemple du bâtard d'Alexandre VI, toujours déteſté & ſouvent malheureux, eſt un méchant modéle pour tout Prince.

Enfin la Houſſaye prétend que Machiavel haïſſait la tyrannie : ſans doute tout homme la déteſte; mais il eſt bien lâche & bien affreux de la déteſter & de l'enſeigner.

Je n'en dirai pas davantage, il faut écouter le vertueux Auteur dont je ne ferais qu'affaiblir les ſentimens & les expreſſions.

PANTAODAI,

ÉTRENNES

A MADEMOISELLE CLAIRON,

*PAR A** C**.*

A Paris, le premier Janvier 1761.

BELLE CLAIRON, Peintre de la Nature,
Vous l'imitez & vous l'embellissez;
La voix, l'esprit, la grace, la figure,
Le sentiment n'est point encore assez;
Vous nous rendez ce prodige d'Athene
Que le génie étalait sur la Scene.
Quand, dans les Arts de l'esprit & du goût,
On est sublime, on est égal à tout;
Que dis-je? on regne, & d'un Peuple fidele
On est chéri, sur-tout si l'on est belle.
O ma CLAIRON! qu'un destin si flatteur
Est différent de celui d'un Auteur!

Je crois vous voir sur ce brillant Théâtre,
Où tout Paris, de votre Art idolâtre,

Porte en tribut ſon eſprit & ſon cœur:
Vous récitez des vers plats & ſans grace,
Vous leur donnez la force & la douceur;
D'un froid récit vous échauffez la glace,
Les contre-ſens deviennent des raiſons:
Vous exprimez, par vos ſublimes ſons,
Par vos beaux yeux, ce que l'Auteur veut
dire;
Vous lui donnez tout ce qu'il croit avoir;
Vous exercez un magique pouvoir
Qui fait aimer ce qu'on ne ſçaurait lire;
On bat des mains, & l'Auteur ébaudi
Se remercie, & penſe être applaudi.
La toile tombe, alors le charme ceſſe;
Le Spectateur apportait des préſens,
Aſſez communs, de ſifflets & d'encens.
Il fait deux lots, quand il ſort de l'yvreſſe;
L'un pour l'Auteur, l'autre pour ſon appui;
L'encens pour vous, & les ſifflets pour lui.

Vous, cependant au doux bruit des éloges,
Qui vont pleuvant de l'Orcheſtre & des Lo-
ges,
Marchant en Reine, & traînant après vous
Vingt Courtiſans l'un de l'autre jaloux,
Vous admettez près de votre toilette
Du noble eſſain la cohue indiſcrette.

L'un dans la main vous glisse un billet doux,
L'autre à Passy vous propose une fête ;
Josse, avec vous, veut souper tête-à-tête :
(Candale y soupe, & rit tout bas d'eux tous.)
On vous entoure, on vous presse, on vous
lasse ;
Le pauvre Auteur est tapi dans un coin,
Se fait petit, tient à peine une place :
Certain Marquis l'appercevant de loin,
Dit : Eh ! c'est vous... Bon jour, Monsieur
Pancrace ;
Bon jour.... Vraiment, votre Piece a du bon.
Pancrace fait révérence profonde,
Bégaye un mot, à quoi nul ne répond,
Puis se retire, & se croit du beau monde.

Un Intendant des Plaisirs dits *Menus*,
Chez qui les Arts sont toujours bien venus,
Grand connaisseur, & pour vous plein de zele,
Vous avertit que la Piece nouvelle
Aura l'honneur de paraître à la Cour.

Vous arrivez, conduite par l'Amour,
On vous présente à la Reine, aux Princesses,
Aux vieux Seigneurs, qui, dans leurs vieux
propos,
Vont regrettant le chant de la Duclos ;

Vous recevez complimens & careſſes :
Chacun accourt, chacun dit : la voilà.
De tous les yeux vous êtes remarquée ;
De mille mains on vous verrait claquée
Dans le Sallon, ſi le Roi n'était là.

Pancrace ſuit, un gros Huiſſier lui ferme
La porte au nez, il reſte comme un terme,
La bouche ouverte & le front interdit,
Comme Francus, qui tout brillant de gloire,
Ayant en Cour préſenté ſon mémoire,
Crêve à la fois de honte & de dépit.
Il gratte, il gratte, il ſe préſente, il dit :
Je ſuis l'Auteur... Hélas ! mon pauvre hére,
C'eſt pour cela que vous n'entrerez pas.
Le malheureux, honteux de ſa miſere,
S'eſquive en hâte & murmurant tout bas,
De voir en lui les neuf Muſes bannies :
Du tems paſſé regrettant les beaux jours,
Il rime encore & s'étonne toujours
Du peu de cas qu'on fait des grands génies.

Pour l'achever, quelque compilateur,
Froid Gazettier, jaloux d'un froid Auteur,
Quelque Fréron dans ſon an Littéraire,
Vient l'entamer de ſa dent mercénaire.
A l'Abboyeur il reſte abandonné,

Comme un Esclave aux bêtes condamné.
Voilà son sort, & puis cherchez à plaire.

Mais c'est bien pis, hélas! s'il réussit:
L'Envie alors, Euménide implacable,
Chez les vivans Harpie insatiable,
Que la mort seule à grand'peine adoucit,
L'affreuse Envie active, impatiente,
Versant le fiel de sa bouche écumante,
Court à Paris, par de longs sifflemens,
Dans leurs greniers réveiller ses enfans.
A cette voix, les voilà qui descendent,
Qui dans le monde, à grands flots, se répandent.
En manteau court, en soutane, en rabat;
En petit maître, en petit Magistrat.
Ecoutez-les: cette œuvre dramatique
Est dangereuse, & l'Auteur hérétique.

Mais s'il compose un ouvrage nouveau,
Qui puisse plaire à Boufflers, à Beauveau,
A ce vainqueur des Anglais & des Belles,
Qui ne trouve ni rivaux, ni cruelles:
Si le bon goût du généreux Choiseuil;
A ses travaux fait un honnête accueil,
S'il trouve grace aux yeux de la Marquise
Du seul mérite en plus d'un genre éprise;

S'il satisfait la Valliere & d'Ayen,
Malheur à lui, la cohorte empestée
Damne mon homme, & le Journal Chrétien
Secrettement vous le déclare Athée;
S'il répond peu, c'est qu'il est accablé.
Si méprisant l'Envie & ses trompettes,
Il vit en paix dans ses belles retraites;
S'il y sert Dieu, c'est qu'il est exilé.
Un petit singe à face de Thersite,
Au sourcil noir, à l'œil noir, au teint gris,
Bel esprit faux, qui haït les beaux esprits,
Disert pédant que le bon sens irrite,
De l'imposture insipide Orateur,
Sujet perfide & lâche Délateur,
Poursuit le sage & noircit le mérite.

Mais grace au Ciel, il est un Roi puissant,
Qui d'un coup d'œil protége l'innocent,
Et d'un coup d'œil démasque l'hypocrite;
Il hait la fraude, il hait les imposteurs,
Des factions il connaît les Auteurs.
Tremblez, méchans qui trompez sa justice,
Craignez l'Histoire, elle est votre supplice;
Craignez sa main: cette main, qui des Rois
A sur l'airain consacré les exploits,
Y gravera vos infâmes cabales,
Vos sourds complots, vos ténébreux scandales;

L'Hypocrisie au perfide souris,
Le Fanatisme étincelant de rage,
Le fade Orgueil peignant son plat visage
Du fard brillant de l'amour du pays,
Tout paraîtra dans son jour véritable;
On vous verra l'horreur & le mépris
D'un peuple entier par vos fourbes surpris.
Le Dieu des vers, ce Dieu de la lumiere,
Dont votre oreille ignore les accens,
Et dont votre œil fuit les rayons perçan
Ce même Dieu, finissant sa carriere,
Daigne écraser & plonger dans la nuit
L'affreux Pithon que la fange a produit.

Mais aujourd'hui, dans leurs grottes obscures,
Laissons siffler ces couleuvres impures:
Ne souillons pas de leurs hideux portraits
Les doux crayons qui dessinent vos traits.
Belle CLAIRON, toutes ces barbaries
Sont des objets à vos yeux inconnus;
Et quand on parle à Minerve, à Venus,
Faut-il nommer Cerbere & les Furies?

FRAGMENT D'UNE LETTRE,

Sur la considération qu'on doit aux Gens de Lettres.

On ne trouve ni en Angleterre, ni en aucun Pays du Monde, des établissemens en faveur des beaux Arts comme en France. Il y a presque par-tout des Universités : mais c'est dans la France seule qu'on trouve ces utiles encouragemens pour l'Astronomie, pour toutes les parties des Mathématiques, pour celles de la Médecine, pour les recherches de l'Antiquité, pour la Peintute, la Sculpture & l'Architecture. LOUIS XIV s'est immortalisé par toutes ces fondations, & cette immortalité ne lui a pas coûté deux cent mille francs par an.

J'avoue que c'est un de mes étonnemens, que le Parlement d'Angleterre, qui s'est avisé de promettre 20000 guinées à celui qui ferait l'impossible découverte des longitudes, n'ait jamais pensé à imiter LOUIS XIV dans sa magnificence envers les Arts.

Le

Le mérite trouve à la vérité en Angleterre d'autres récompenses plus honorables pour la Nation : tel est le respect que ce Peuple a pour les talens, qu'un homme de mérite y fait toujours fortune.

M. Adisson en France eût été de quelque Académie & aurait pû obtenir, par le crédit de quelque femme, une pension de 1200 liv. ou plutôt on lui aurait fait des affaires, sous prétexte qu'on aurait apperçu dans sa Tragédie de Caton quelques traits contre le portier d'un homme en place ; en Angleterre il a été Sécretaire d'Etat. M. Newton était Intendant des monnoyes du Royaume : M. Congreve avait une Charge importante : M. Prior a été Plénipotentiaire : le Docteur Swift est Doyen d'Irlande, & y est beaucoup plus considéré que le Primat. Si la Religion de M. Pope ne lui permet pas d'avoir une place, elle n'empêche pas que sa traduction d'Homere ne lui ait valu deux cens mille francs. J'ai vû long-tems en France l'Auteur de Rhadamiste prêt à mourir de faim, & le fils d'un des plus grands hommes que la France ait eu, & qui commençait à marcher sur les traces de son pere, était réduit à la misere sans M. Fagon.

Ce qui encourage le plus les gens de Lettres en Angleterre, c'eſt la conſidération où ils ſont ; le portrait du premier Miniſtre ſe trouve ſur la cheminée de ſon cabinet : mais j'ai vû celui de M. Pope dans vingt maiſons.

M. Newton était honoré de ſon vivant, & l'a été après ſa mort, comme il devait l'être. Les principaux de la Nation ſe ſont diſputé l'honneur de porter le poële à ſon convoi. Entrez à Weſtminſter ; ce ne ſont pas les tombeaux des Rois qu'on y admire : ce ſont les monumens que la reconnaiſſance de la Nation a érigés aux plus grands Hommes qui ont contribué à ſa gloire ; vous y voyez leurs ſtatues, comme on voyait dans Athènes celles des Sophocles & des Platons ; & je ſuis perſuadé que la ſeule vûe de ces glorieux monumens a excité plus d'un eſprit & a formé plus d'un grand homme.

On a même reproché aux Anglais d'avoir été trop loin dans les honneurs qu'ils rendent au ſimple mérite ; on a trouvé à redire qu'ils ayent enterré dans Weſtminſter la célebre Comédienne Mademoiſelle Oldfield, à peu près avec les mêmes honneurs qu'on a rendus à M. Newton.

Mais je puis vous assurer que les Anglais, dans la pompe funebre de Mademoiselle Oldfield enterrée dans leur Saint Denis, n'ont rien consulté que leur goût; ils sont bien loin d'attacher l'infamie à l'art des Sophocles & des Euripides, & de retrancher du corps de leurs Citoyens ceux qui se dévouent à réciter devant eux des ouvrages dont leur Nation se glorifie.

Quelques-uns ont prétendu qu'ils avaient affecté d'honorer à ce point la mémoire de cette Actrice, afin de nous faire sentir la barbare & lâche injustice qu'ils nous reprochent, d'avoir jetté à la voirie le corps de Mademoiselle le *Couvreur*.

On se garde bien, en Italie, de flétrir l'Opéra, & d'excommunier le Signor *Tenezini* ou la Signora *Cuzzoni*. Pour moi, j'oserais souhaiter qu'on pût supprimer, en France, je ne sçais quels mauvais Livres qu'on a imprimés contre nos Spectacles. Lorsque les Italiens & les Anglais apprennent que nous flétrissons de la plus grande infamie un Art dans lequel nous excellons, que l'on excommunie des personnes gagées par le Roi, que l'on condamne comme impie un

Spectacle représenté chez des Religieux & dans les Couvens, qu'on deshonore des Jeux où de grands Princes ont été Acteurs, qu'on déclare œuvres du Démon des Pieces revûes par des Magistrats les plus séveres & représentées devant une Reine vertueuse; quand, dis-je, des Etrangers apprennent cette insolence, cette barbarie gothique, qu'on ose nommer sévérité chrétienne, que voulez-vous qu'ils pensent de notre Nation? Et comment peuvent-ils concevoir, ou que nos Loix autorisent un Art si infâme, ou qu'on ose marquer de tant d'infâmie un Art autorisé par les Loix, récompensé par les Souverains, cultivé par les plus grands hommes, & admiré des Nations; & qu'on trouve, chez le même Libraire, l'impertinente déclamation contre nos Spectacles, à côté des ouvrages immortels de Corneille, de Racine, de Moliere, de Quinault?

Du tems de Charles premier, & dans le commencement de ces guerres civiles suscitées par des Rigoristes fanatiques, qui eux-mêmes en furent enfin les victimes, on écrivait beaucoup contre les Spectacles, d'autant plus que Charles premier & sa femme, fille de notre Henri le Grand, les aimaient extrêmement.

Un Docteur nommé *Prynn*, ſcrupuleux à toute outrance, qui ſe ſerait cru damné, s'il avait porté un manteau court au lieu d'une ſoutane, & qui aurait voulu que la moitié des hommes eût maſſacré l'autre pour la gloire de Dieu & de la *Propaganda Fide*, s'aviſa d'écrire un fort mauvais Livre contre d'aſſez bonnes Comédies qu'on jouait tous les jours très-innocemment devant le Roi & la Reine. Il cita l'autorité des Rabbins & quelques paſſages de S. Bonaventure, pour prouver que l'Œdipe de Sophocle était l'ouvrage du malin, que Térence était excommunié *ipſo facto*; & il ajouta que ſans doute Brutus, qui était un Janſéniſte très-ſévere, n'avait aſſaſſiné Céſar, que parce que Céſar, qui était Grand-Prêtre, avait compoſé une Tragédie d'Œdipe; enfin, il dit que tous ceux qui aſſiſtaient à un Spectacle étaient des excommuniés qui reniaient leur croyance & leur baptême. C'était outrager le Roi & toute la famille Royale. Les Anglais reſpectaient alors Charles premier; ils ne voulurent pas ſouffrir qu'on parlât d'excommunier ce même Prince, à qui ils firent depuis couper la tête. M. Prynn fut cité devant la

Chambre Étoilée, condamné à voir son beau Livre, (dont le P. le B*** a emprunté le sien,) brûlé par la main du Bourreau; & lui, à avoir les oreilles coupées : son procès se voit dans les Actes publics.

LETTRE

A M. L'ABBÉ DU BOS,

De l'Académie Française.

Il y a déjà long-tems, Monsieur, que je vous suis attaché par la plus forte estime; je vais l'être par la reconnaissance. Je ne vous répéterai point ici que vos Livres doivent être le Bréviaire des gens de Lettres, que vous êtes l'Ecrivain le plus utile & le plus judicieux que je connaisse : je suis si charmé de voir que vous êtes le plus obligeant, que je suis tout occupé de cette derniere idée.

Il y a long-tems que j'ai rassemblé quelques matériaux pour faire l'Histoire du siécle de Louis XIV. Ce n'est point simplement la Vie de ce Prince que j'écris, ce ne ſont point les Annales de ſon Regne: c'eſt plutôt l'Hiſtoire de l'Eſprit humain puiſée dans le ſiécle le plus glorieux à l'Eſprit humain.

Cet ouvrage eſt diviſé en chapitres; il y en a vingt deſtinés à l'Hiſtoire générale: ce ſont vingt tableaux des grands événemens du tems. Les principaux perſonnages ſont ſur le devant de la toile, la foule eſt dans l'enfoncement. Malheur aux détails, la poſtérité les néglige tous; c'eſt une vermine qui tue les grands ouvrages. Ce qui caractériſe le ſiécle, ce qui a cauſé des révolutions, ce qui ſera important dans cent années, c'eſt-là tout ce que je veux écrire aujourd'hui.

Il y a un chapitre pour la vie privée de Louis XIV.

Deux pour les grands changemens faits dans la Police du Royaume, dans le Commerce, dans les Finances.

Deux pour le Gouvernement Eccléſiaſtique, dans leſquels la révocation de l'Edit de Nantes & l'affaire de la Régale ſont compriſes.

Cinq ou ſix pour l'Hiſtoire des Arts, à commencer par *Deſcartes* & à finir par *Rameau*.

Je n'ai d'autres Mémoires pour l'Hiſtoire générale, qu'environ deux cens volumes de Mémoires imprimés, que tout le monde connaît. Il ne s'agit que de former un corps bien proportionné de tous ces membres épars, & de peindre avec des couleurs vraies, mais d'un trait, ce que *Larrey*, *Linieres*, *Lamberti*, *Rousset*, falsifient & délayent dans des volumes.

J'ai, pour la vie privée de Louis XIV, les Mémoires de M. *Dangeau*, en 40 volumes, dont j'ai extrait 40 pages. J'ai ce que j'ai entendu dire à de vieux Courtisans, Valets, grands Seigneurs & autres. Je rapporte les faits dans lesquels ils s'accordent, j'abandonne le reste aux conversations des faiseurs d'Anecdotes.

J'ai un extrait de la fameuse Lettre du Roi au sujet de M. de *Barbesieux*, dont il marque tous les défauts, auquel il pardonne en faveur des services du pere : ce qui caractérise Louis XIV bien mieux que les flatteries de *Pélisson*.

Je suis assez instruit de l'homme au masque de fer, mort à la Bastille. J'ai parlé à des gens qui l'ont servi.

Il y a une espece de Mémorial écrit de la main de Louis XIV, qui doit être dans le cabinet de Louis XV. M. H** le connaît ſans doute : mais je n'oſe en demander communication.

Sur les affaires de l'Egliſe, j'ai tout le fatras des injures, & je tâcherai d'extraire une once de miel de l'abſinthe des *Jurieux*, des *Queſnels*, & des *Doucins*.

Pour le dedans du Royaume, j'examine les Mémoires des Intendans, & les bons Livres qu'on a ſur cette matiere.

M. l'Abbé de *Saint-Pierre* a fait un Journal politique de Louis XIV, que je voudrais bien qu'il me confiât. Je ne ſçais s'il fera cet acte de *bienfaiſance pour gagner le Paradis*.

A l'égard des Arts & des Sciences, il n'eſt queſtion, je crois, que de tracer la marche de l'Eſprit humain, en Philoſophie, en Eloquence, en Poëſie, en Critique : de marquer les progrès de la Peinture, de la Sculpture, de la Muſique, de l'Orfévrerie, des Manufactures de tapiſſeries, de glaces, de draps, d'étoffes d'or, & de l'Horlogerie.

Je ne veux que peindre, chemin faiſant, les génies qui ont excellé dans ces parties : Dieu me préſerve d'employer 300 pages à l'hiſtoire de *Gaſſendi*. La vie eſt trop courte, le tems trop précieux pour dire des choses inutiles. En un mot, Monsieur, vous voyez mon plan mieux que je ne pourrais vous le dessiner : je ne me presse point d'élever mon bâtiment (1) : *pendent opera interrupta, minæque murorum ingentes.* Si vous daigniez me conduire, je pourrais dire alors : *æquataque machina cœlo.* Voyez ce que vous pouvez faire pour moi, pour la vérité, pour un siécle qui vous compte parmi ses ornemens.

A qui daignerez-vous communiquer vos lumieres, si ce n'est à un homme qui aime sa patrie & la vérité, & qui ne cherche à écrire l'Histoire ni en flatteur, ni en Panégyriste, ni en Gazettier, mais en Philosophe ?

Celui qui a si bien débrouillé le cahos de l'origine des Français, m'aidera sans doute à répandre la lumiere sur les plus beaux jours de la France. Songez, Monsieur, que vous rendez service à votre disciple & à votre admirateur.

A Cirey, ce 30 Octobre 1738.

---

(1) Ce bâtiment est élevé, & tout le monde convient que c'est un des meilleurs ouvrages de M. de V***.

LETTRE

A M. BROSSETTE.*

Je suis bien flatté de plaire à un homme comme vous, Monsieur : mais je le suis encore davantage de la bonté que vous avez de vouloir bien faire des corrections si judicieuses dans l'Histoire de CHARLES XII.

Je ne sçais rien de si honorable pour les ouvrages de M. *Despréaux* que d'avoir été commentés par vous & lûs par CHARLES XII. Vous avez raison de dire que le sel de ses Satyres ne pouvait gueres être senti par un Héros Vandale, qui était beaucoup plus occupé de l'humiliation du Czar & du Roi de Pologne que de celle de *Chapelain* & de *Cotin*. Pour moi, quand j'ai dit que les Satyres de *Boileau* n'étaient pas ses meilleures pieces, je n'ai pas prétendu pour cela qu'elles fussent mauvaises; c'est la premiere maniere de ce grand Peintre, fort in-

* Auteur d'un très-bon Commentaire des Ouvrages de *Despréaux*.

férieure à la vérité à la seconde, mais très-supérieure à celle de tous les Ecrivains de son tems, si vous en exceptez M. *Racine*. Je regarde ces deux grands hommes comme les seuls qui ayent eu un pinceau correct, qui ayent toujours employé des couleurs vives & copié fidélement la Nature. Ce qui m'a toujours charmé dans leur style, c'est qu'ils ont dit ce qu'ils voulaient dire, & que jamais leurs pensées n'ont rien coûté à l'harmonie ni à la pureté du langage. Feu M. *de la Motte*, qui écrivait bien en prose, ne parlait plus Français, quand il faisait des vers. Les Tragédies de tous nos Auteurs, depuis M. *Racine*, sont écrites dans un style froid & barbare; aussi *la Motte* & ses Consorts faisaient tout ce qu'ils pouvaient pour rabaisser M. *Despréaux*, auquel ils ne pouvaient s'égaler. Il y a encore, à ce que j'entends dire, quelques-uns de ces Beaux-Esprits subalternes, qui passent leur vie dans les Caffés, lesquels font à la mémoire de M. *Despréaux* le même honneur que les *Chapelains* faisaient à ses écrits de son vivant; ils en disent du mal, parce qu'ils sentent que si M. *Despréaux* les eût connus, il les aurait méprisés autant qu'ils méritent de rettre. Je ſerais très-fâché que ces Meſſieurs cruſſent que je penſe comme eux, parce que je fais une grande différence entre ſes premieres Satyres & ſes autres Ouvrages. Je ſuis ſur-tout de votre avis ſur la neuvieme Satyre, qui eſt un chef-d'œuvre, & dont l'Epître aux Muſes, de *Rouſſeau*, n'eſt qu'une imitation un peu forcée. Je vous ſerai très-obligé de me faire tenir la nouvelle édition des ouvrages de ce grand homme, qui méritait un Commentateur comme vous. Si vous voulez auſſi, Monſieur, me faire le plaiſir de m'envoyer l'*Hiſtoire de Charles XII*, de l'édition de Lyon, je ſerai fort aiſe d'en avoir un exemplaire. Je ſuis, &c. 14 *Avril* 1732.

LETTRE, AU MÊME.

JE regarde, Monſieur, comme un de mes devoirs de vous envoyer les éditions de la *Henriade* qui parviennent à ma connaiſſance : en voici une, qui, bien que très-fautive, ne laiſſe pas d'avoir quelque ſingularité, à cauſe de pluſieurs variantes qui s'y trouvent, & dans laquelle on a de plus imprimé mon *Essai sur l'Epopée*, tel que je l'ai composé en Français, & non pas tel que M. l'Abbé *Desfontaines* l'avait traduit d'après mon Essai Anglais. Vous trouvez peut-être assez plaisant que je sois un Auteur traduit par mes compatriotes, & que je me sois retraduit moi-même. Mais si vous aviez été deux ans, comme moi, en Angleterre, je suis sûr que vous auriez été si touché de l'énergie de cette langue, que vous auriez composé quelque chose en Anglais.

Cette *Henriade* a été traduite en vers à Londres & en Allemagne. Cet honneur qu'on me fait dans les pays étrangers, m'enhardit un peu auprès de vous. Je sçais que vous êtes en commerce avec *Rousseau*, mon ennemi ; mais vous ressemblez à *Pomponius-Atticus*, qui était courtisé à la fois par *César* & par *Pompée*. Je suis persuadé que les invectives de cet homme, en qui je respecte l'amitié dont vous l'honorez, ne feront que vous affermir dans les bontés que vous avez toujours eues pour moi. Vous êtes l'ami de tous les gens de Lettres, & vous n'êtes jaloux d'aucun. Plût à Dieu que le Sieur *Rousseau* eût un caractere comme le vôtre.

Permettez-moi, Monsieur, que je mette dans votre paquet un autre paquet pour M. le Marquis de *Caumont :* c'est un homme qui, comme vous, aime les Lettres, & que le bon goût a fait sans doute votre ami.

Quel tems, Monsieur, pour vous envoyer des vers !

Hinc movet Euphrates, illinc Germania Bellum.
. . . . . Sævit toto Mars impius orbe.
. . . . Et carmina tantùm
Nostra valent, Lycida, tela inter Martia, quantùm
Chaonias dicunt, Aquilâ veniente, columbas.

On a pris le Fort de Kell, on se bat en Pologne, on va se battre en Italie.

I nunc, & versus tecum meditare canoros.

Voilà bien du Latin que je vous cite; mais c'est avec des Dévots comme vous, que j'aime à réciter mon Bréviaire.

22 *Novembre* 1733.

LETTRE, AU MÊME.

Il n'y a perſonne, Monſieur, à qui je faſſe plus volontiers hommage de mes ouvrages, qu'à vous. J'ai fait mettre à la Diligence de Lyon un petit paquet couvert de toile cirée, contenant deux exemplaires de l'*Hiſtoire de Charles XII*. Il y en a un que je vous ſupplie de rendre à M. *de Sozzi*, qui me fait l'honneur de m'écrire quelquefois, & à qui mes infirmités ne me permettent pas de répondre auſſi ſouvent que je le déſire. Si vos occupations vous laiſſaient le tems de m'écrire votre ſentiment ſur cet ouvrage, je vous ſerais très-obligé. Vous y verrez une infinité de fautes d'impreſſion, qu'un Lecteur judicieux rectifie aiſément. Je voudrais qu'il me fût auſſi aiſé de corriger les miennes, & de mériter l'approbation d'un Juge auſſi éclairé que vous. Je ſuis, &c.

Paris, 28 *Novembre* 1733.

LETTRE A M. C***,

Editeur des Œuvres de ROUSSEAU,

1741.

J'AI reçu, Monsieur, la Lettre que vous m'avez fait l'honneur de m'écrire, avec votre projet de Souscription pour les Œuvres du célebre Poëte dont vous étiez ami. Je me mets très-volontiers au rang des Souscripteurs, quoique j'aie été malheureusement au rang de ses ennemis les plus déclarés ; je vous avouerai même que cette inimitié pesait beaucoup à mon cœur : j'ai toujours pensé, j'ai dit, j'ai écrit que les gens de Lettres devraient être tous freres. Ne les persécute-t-on pas assez ? Faut-il qu'ils se persécutent encore eux-mêmes les uns les autres ? Plût à Dieu qu'ils pussent s'aider, se soutenir, se consoler mutuellement ! Il semblait que la Destinée, en me conduisant à la Ville où l'illustre & malheureux *Rousseau* a fini ses jours, me ménageait une réconciliation avec lui : l'espece de maladie dont il était accablé, m'a privé de cette consolation, que nous aurions tous deux également souhaitée ; l'amour de la paix l'eût emporté sûr tous les sujets d'aigreur qu'on avait semés entre nous. Ses talens, ses malheurs, & ce que j'ai oüi dire ici de son caractere, ont banni de mon cœur tout ressentiment, & n'ont laissé mes yeux ouverts qu'à son mérite. Votre amitié pour lui, Monsieur, contribue sur-tout à me réconcilier avec sa mémoire. J'attends, avec impatience, une édition que votre goût rendra digne du Public à qui vous la présentez ; j'en retiens deux exemplaires, & je suis charmé que cette occasion me procure le plaisir de vous dire à quel point je vous estime, & combien j'ai l'honneur d'être, &c.

LETTRE

Sur l'incendie de la Ville d'Altena.

L'EXTRÊME difficulté que nous avons en France de faire venir des Livres de Hollande, est cause que je n'ai vû que tard le neuvieme tome de la *Bibliothé-*

que Raiſonnée ; & je dirai, en paſſant, que ſi le reſte de ce Journal répond à ce que j'en ai parcouru, les gens de Lettres ſont à plaindre en France de ne pas le connaître. A la page 469 de ce neuvieme tome, ſeconde partie, j'ai trouvé une Lettre contre moi, par laquelle on me reproche d'avoir calomnié la Ville de Hambourg, dans l'*Hiſtoire de Charles XII.*

Depuis quelques jours, un Hambourgeois, homme de Lettres & de mérite, nommé M. Richey, m'ayant fait l'honneur de me venir voir, m'a renouvellé ces plaintes au nom de ſes compatriotes.

Voici le fait, & voici ce que je ſuis obligé de déclarer.

Dans le fort de cette guerre malheureuſe qui a ravagé le Nord, les Comtes de Steinbock & de Welling, Généraux du Roi de Suede, prirent en 1713, dans la Ville de Hambourg même, la réſolution de brûler Altena, Ville commerçante, appartenant aux Danois, & qui commençait à faire quelque ombrage au commerce de Hambourg.

Cette réſolution fut exécutée ſans miſéricorde la nuit du 9 Janvier. Ces Généraux coucherent à Hambourg cette nuit-là même ; ils y coucherent le 10, le 11, le 12, le 13, & daterent de Hambourg les Lettres qu'ils écrivirent pour tâcher de justifier cette barbarie.

Il est encore certain, & les Hambourgeois n'en disconviennent pas, qu'on refusa l'entrée de Hambourg à plusieurs Altenois, à des vieillards, à des femmes grosses, qui vinrent y demander un refuge, & que quelques-uns de ces misérables expirerent sous les murs de cette Ville, au milieu de la neige & de la glace, consumés de froid & de misere, tandis que leur Patrie était en cendres.

J'ai été obligé de rapporter ces faits dans l'*Histoire de Charles XII*. Un de ceux qui m'ont communiqué ces Mémoires, me marque très-positivement dans une de ses Lettres, que les Hambourgeois avaient donné de l'argent au Comte de Steinbock, pour l'engager à exterminer Altena, comme la rivale de leur commerce. Je n'ai point adopté une accusation si grave : quelque raison que j'aie d'être convaincu de la méchanceté des hommes, je n'ai jamais cru le crime si aisément ; j'ai combattu efficacement plus d'une calomnie, & je suis le seul qui ait osé justifier la mémoire du Comte Piper par des raisons, lorsque toute l'Europe le calomniait par des conjectures.

Au lieu donc de suivre le Mémoire qu'on m'avait envoyé, je me suis contenté de rapporter *qu'on disait* que les Hambourgeois avaient donné secrettement de l'argent au Comte de Steinbock.

Ce bruit a été universel & fondé sur des apparences : un Historien peut rapporter les bruits aussi bien que les faits ; & quand il ne donne une rumeur publique, une opinion que pour une opinion, & non pour une vérité, il n'en est ni responsable ni répréhensible.

Mais lorsqu'il apprend que cette opinion populaire est fausse & calomnieuse, alors son devoir est de le déclarer & de remercier publiquement ceux qui l'ont instruit.

C'est le cas où je me trouve. M. Richey m'a démontré l'innocence de ses compatriotes. La *Bibliothéque Raisonnée* a aussi très-solidement repoussé l'accusation intentée contre la Ville de Hambourg. L'Auteur de la Lettre contre moi, est seulement répréhensible, en ce qu'il m'attribue d'avoir dit positivement que la Ville de Hambourg était coupable ; il devait distinguer entre l'opinion d'une partie du Nord, que j'ai rapportée comme un bruit vague, & l'affirmation qu'il m'impute. Si j'avais dit en effet : *La Ville de Hambourg a acheté la ruine de la Ville d'Altena*, je lui en demanderais pardon très-humblement, persuadé qu'il n'y a de honte qu'à ne se point rétracter, quand on a tort. Mais j'ai dit la vérité, en rapportant un bruit qui a couru; & je dis la vérité, en disant qu'ayant examiné ce bruit, je l'ai trouvé plein de fausseté.

Je dois encore déclarer qu'il regnait des maladies contagieuses à Altena dans le tems de l'incendie, & que si les Hambourgeois n'avoient point de Lazarets, (comme on me l'assure,) point d'endroit où l'on pût mettre à couvert & séparément les vieillards & les femmes qui périrent à leur vûe, ils sont très-excusables de ne les avoir pas recueillis : car la conservation de sa propre Ville doit être préférée au salut des Etrangers.

J'aurai très-grand soin que l'on corrige cet endroit de l'*Histoire de Charles XII*, dans la nouvelle édition commencée à Amsterdam, & qu'on le réduise à l'exacte vérité dont je fais profession, & que je préfére à tout.

J'apprends auſſi que l'on a inſéré dans des papiers Hebdomadaires, (*le Glaneur*), des Lettres auſſi outrageantes que mal écrites, d'un Poëte, au ſujet de la Tragédie de Zaïre. Cet Auteur de pluſieurs Pieces de Théâtre, toutes ſifflées, fait le procès à une Piece qui a été reçue du Public avec aſſez d'indulgence : & cet Auteur de tant d'ouvrages impies me reproche publiquement d'avoir peu reſpecté la Religion dans une Tragédie repréſentée avec l'approbation des plus vertueux Magiſtrats, lûe par Monſeigneur le Cardinal de Fleury, & qu'on repréſente déjà dans quelques Maiſons Religieuſes. On me fera bien l'honneur de croire que je ne m'avilirai pas à répondre à cet Ecrivain.

LETTRE

A M. DE LA MARRE.

A Cirey, le 15 *Mai* 1736.

Je me flatte, mon cher Monſieur, que quand vous ferez imprimer quelqu'un de vos ouvrages, vous le ferez avec plus d'exactitude que vous n'en avez eu dans l'édition de *Jules-César*. Permettez que mon amitié se plaigne que vous ayez hazardé, dans votre Préface, des choses sur lesquelles vous deviez auparavant me consulter.

Vous dites, par exemple, que dans certaines circonstances le parricide était regardé comme une action de courage & même de vertu chez les Romains; ce sont de ces propositions qui auraient grand besoin d'être prouvées.

Il n'y a aucun exemple de fils qui ait assassiné son pere pour le salut de la Patrie; *Brutus* est le seul, encore n'est-il pas absolument sûr qu'il fût le fils de *César*. Je crois que vous deviez vous contenter de dire que *Brutus* était Stoïcien, & presque fanatique, féroce dans la vertu, & incapable d'écouter la Nature, quand il s'agissait de sa Patrie, comme sa Lettre à *Ciceron* le prouve.

Il est assez vraisemblable qu'il sçavait que *César* était son pere, & que cette considération ne le retint pas. C'est même cette circonstance terrible, & ce combat singulier entre la tendresse & la fureur de la liberté qui seul pouvait rendre la Piece intéressante; car de représenter de des Romains nés libres, des Sénateurs opprimés par leur égal, qui conjurent contre un Tyran, & qui exécutent de leurs mains la vengeance publique, il n'y a rien là que de simple; & *Aristote* (qui, après tout, était un très-grand génie), a remarqué avec beaucoup de pénétration & de connaissance du cœur humain, que cette espece de Tragédie est languissante & insipide: il l'appelle la plus vicieuse de toutes, tant l'insipidité est un poison qui tue tous les plaisirs.

Vous auriez donc pû dire que *César* est un grand homme, ambitieux jusqu'à la tyrannie; & *Brutus* un Héros d'un autre genre, qui poussa l'amour de la liberté jusqu'à la fureur.

Vous pouviez remarquer qu'ils sont représentés tous condamnables, mais à plaindre, & que c'est en quoi consiste l'artifice de cette Piece. Vous paraissez surtout avoir d'autant plus de tort de dire que les Romains approuvaient le parricide de *Brutus*, qu'à la fin de la Piece les Romains ne se soulevent contre les conjurés que lorsqu'ils apprennent que *Brutus* a tué son pere; ils s'écrient:

O monstre, que les Dieux devraient exterminer!

Je vous avais dit à la vérité qu'il y avait, parmi les Lettres de *Ciceron*, une Lettre de *Brutus*, par laquelle on peut inférer qu'il avait tué ſon pere pour la cauſe de la liberté. Il me ſemble que vous avez aſſuré la choſe trop poſitivement.

Celui qui a traduit la Lettre Italienne de M. le Marquis *Algaroti*, ſemble être tombé dans une mépriſe à l'endroit où vous dites que c'eſt un de ceux qu'on appelle *Doctores umbratici*, qui a fait la premiere édition furtive de cette Piece. Je me ſouviens que, quand M. *Algaroti* me lut ſa Lettre en Italien, il y déſignait un Précepteur qui ayant volé cet ouvrage, le fit imprimer : cet homme a même été puni. Mais par la traduction, il ſemble qu'on ait voulu déſigner les Profeſſeurs de l'Univerſité. L'Auteur de la Brochure qu'on donne toutes les ſemaines ſous le titre d'*Obſervations*, a pris occaſion de cette mépriſe pour inſinuer que M. le Marquis *Algaroti* avait prétendu attaquer les Profeſſeurs de Paris ; mais cet Etranger reſpectable, qui a fait tant d'honneur à l'Univerſité de Padoue, eſt bien loin de ne pas eſtimer celle de Paris, dans laquelle on peut dire qu'il n'y a jamais eu tant de probité & tant de goût qu'à présent. Si vous m'aviez envoyé votre Préface, je vous aurais prié de corriger ces bagatelles : mais vos fautes sont si peu de chose en comparaison des miennes, que je ne songe qu'à ces dernieres : j'en ferais une fort grande de ne vous point aimer, & vous pouvez compter toujours sur moi.

LETTRE

AU

RÉVÉREND PERE DE***.

MON RÉVÉREND PERE, ayant été élevé long-tems dans la Maison que vous gouvernez, j'ai cru devoir prendre la liberté de vous adresser cette Lettre, & vous faire un aveu public de mes sentimens dans l'occasion qui se présente. L'Auteur de la G. E. m'a fait l'honneur de me joindre à Sa Sainteté, & de calomnier à la fois dans la même page, le premier Pontife du Monde, & le moindre de ses serviteurs. Un autre Libelle non moins odieux imprimé en Hollande, me reproche avec fureur mon attachement pour mes Maîtres, à qui je dois l'amour des Lettres & celui de la vertu; ce sont ces mêmes sentimens qui m'imposent le devoir de répondre à ces Libelles.

Il y a quatre mois, qu'ayant vû une estampe du portrait de Sa Sainteté, je mis au bas cette inscription Latine :

Lambertinus hic est, Romæ decus & Pater Orbis,
Qui terram Scriptis docuit, virtutibus ornat.

Je ne crains pas que le sens de ces paroles soit repris par ceux qui ont lû les Ouvrages de ce Pontife, & qui sont instruits de son regne. S'il dépendait de lui de pacifier le Monde, comme de l'éclairer, il y a long-tems que l'Europe joindrait la reconnaissance à la vénération personnelle qu'on a pour lui. Monseigneur le Cardinal Passionéi, Bibliothécaire du Vatican, homme consommé en tout genre de Littérature, & protecteur des Sciences aussi bien que le Pape, lui montra ce faible hommage que je lui avais rendu, & que je ne croyais pas devoir parvenir jusqu'à lui. Je pris cette occasion d'envoyer à S. S. & à plusieurs Cardinaux qui m'honorent de leurs bontés, le Poëme sur la Bataille de Fontenoy, que le Roi avait daigné faire imprimer à son Louvre. Je ne faisais que remplir mon devoir en présentant aux personnes principales de l'Europe ce monument élevé à la gloire de notre Nation, sous les auspices du Roi même. Vous sçavez, mon R. P. avec quelle indulgence cet ouvrage fut reçu à Rome. La gloire du Roi, qui ne se borne pas aux limites de la France, répandit quelques-uns de ses rayons sur ce faible essai : il fut traduit en vers Italiens ; & vous avez vû la traduction que Son Eminence M. le Cardinal Quirini, digne Successeur des Bombes & des Sadolets, voulut bien en faire, & qu'il vous envoya.

Ceux qui connaissent le caractere du Pape, son goût & son zèle pour les Lettres, ne sont point surpris qu'il m'ait gratifié de plusieurs de ses Médailles, lesquelles sont autant de monumens du bon goût qui regne à Rome. Il n'a fait en cela que ce que Sa Majesté avait daigné faire, & s'il a ajouté à cette faveur celle de m'honorer d'une Lettre particuliere, qui n'est point un Bref de la Daterie, y a-t-il dans ces marques de bonté si honorables pour la Littérature, rien qui doive choquer, rien qui doive attirer les fureurs de la calomnie ? Voilà pourtant ce qui a excité la bile de l'Auteur clandestin de la G. E. Il ose accuser le *Pape d'honorer de ses Lettres un séculier, tandis qu'il persécute des Evêques*; & il me reproche, à moi, je ne sçais quel Livre auquel je n'ai point de part, & que je condamne avec autant de sincérité qu'il devrait condamner les Libelles.

Je sçais combien le Monarque bienfaisant qui regne à Rome est au-dessus de la licence où l'on s'emporte de le calomnier, & de la liberté que je prendrais de le défendre.

Scilicet is superis labor est, ea cura quietos
Sollicitat.

S'il est étrange, que tandis que ce Prince se fait cherir de ses Sujets, du Monde Chrétien, un Ecrivain du Faux-bourg S. Marceau le calomnie, il serait bien inutile que je refutasse cet Ecrivain. Les discours des petits ne parviennent pas de si loin à la hauteur où sont placés ceux qui gouvernent la terre. C'est à moi de me renfermer dans ma propre cause; mais si l'esprit de parti pouvait être calme un moment, si cette passion tyrannique

& ténébreuse pouvait laisser quelques accès dans l'ame aux lumieres douées de la raison, je conjurerais cet Auteur & ses semblables de se représenter à eux-mêmes ce que c'est que de mettre continuellement sur le papier des invectives contre ceux qui sont préposés de Dieu pour conserver le peu qui reste de paix sur la terre; ce que c'est que de se rendre tous les huit jours criminel de leze Majesté, par des Libelles méprisés, & d'être à la fois calomniateur & ennuyeux. Je lui demanderais avec quelle chaleur il condamnerait, dans d'autres, ce malheureux & inutile dessein de troubler l'Etat que le Roi défend à la tête de ses armées: il verrait dans quel excès d'avilissement & d'horreur est une telle conduite auprès de tous les honnêtes gens: il sentirait s'il lui convient de gémir sur les prétendus maux de l'Eglise, tandis qu'on n'y voit d'autre mal que celui de ces convulsions avec lesquelles trois ou quatre malheureux, méprisés de leur parti même, ont prétendu surprendre le petit Peuple, & qui sont enfin l'objet du dédain de ceux-mêmes qu'ils avaient voulu séduire.

Qu'il se trouve des hommes assez insenſés & aſſez privés de pudeur, pour dreſſer des filles de ſept à huit ans à faire des tours de *paſſe-paſſe*, dont les Charlatans de la Foire rougiraient; qu'ils ayent le front d'appeller ce manége infâme, des miracles faits au nom de Dieu; qu'ils jouent, à prix d'argent, cette farce abominable pour prouver qu'Elie eſt venu; qu'un de ces miſérables ait été de Ville en Ville ſe pendre aux poutres d'un plancher, contrefaire l'étranglé & le mort, contrefaire enſuite le reſſuſcité, & finir enfin ſes preſtiges par mourir en effet dans Utrecht le 17 Juin 1743, à la potence qu'il avait dreſſée lui-même, & dont il croyait ſe tirer comme auparavant: voilà ce qu'on pourrait appeller les maux de l'Egliſe, ſi de tels hommes étaient en effet comptés ſoit dans l'Egliſe, ſoit dans l'Etat.

Il leur ſied bien ſans doute de calomnier le Souverain Pontiſe, en citant l'Evangile & les Peres: il leur ſied bien d'oſer parler des Loix du Chriſtianiſme, eux qui violent la premiere de ſes Loix, la charité; eux qui, au mépris de toutes Loix divines & humaines, vendent tous les jours un Libelle, qui dégoûte aujourd'hui les Lecteurs les plus avides de médiſance & de ſatyre.

A l'égard de l'autre Libelle de Hollande qui me reproche d'être attaché aux Jésuites, je suis bien loin de lui répondre comme à l'autre : *Vous êtes un calomniateur* ; je lui dirai au contraire : *Vous dites la vérité.* J'ai été élevé pendant sept ans chez des hommes qui se donnent des peines gratuites & infatigables à former l'esprit & les mœurs de la Jeunesse. Depuis quand veut-on que l'on soit sans reconnaissance pour ses maîtres ? Quoi ! il sera dans la nature de l'homme de revoir une maison où l'on est né, un Village où l'on a été nourri par une femme mercenaire ; & il ne serait pas dans notre cœur d'aimer ceux qui ont pris un soin généreux de nos premieres années ? Si des Jésuites ont un procès au Malabar avec un Capucin pour des choses dont je n'ai point connaissance, que m'importe ? Est-ce une raison pour moi d'être ingrat envers ceux qui m'ont inspiré le goût des Belles-Lettres, & des sentimens qui feront jusqu'au tombeau la consolation de ma vie ? Rien n'effacera dans mon cœur la mémoire du P. Porée, qui est également chere à tous ceux qui ont étudié sous lui. Jamais homme ne rendit l'étude & la vertu plus aimables. Les heures de ses leçons étaient pour nous des heures délicieuses, & j'aurais voulu qu'il eût été établi dans Paris comme dans Athenes, qu'on pût assister à tout âge à de telles leçons : je serais revenu souvent les entendre. J'ai eu le bonheur d'être formé par plus d'un Jésuite du caractere du P. Porée, & je sçais qu'il a des successeurs dignes de lui. Enfin pendant les sept années que j'ai vécu dans leur Maison, qu'ai-je vû chez eux ? La vie la plus laborieuse, la plus frugale, la plus réglée, toutes leurs heures partagées entre les soins qu'ils nous donnaient & les exercices de leur profession austere. J'en atteste des milliers d'hommes élevés par eux comme moi ; il n'y en aura pas un seul qui puisse me démentir. C'est sur quoi je ne cesse de m'étonner, qu'on puisse les accuser d'enseigner une morale corruptrice. Ils ont eu, comme tous les autres Religieux, dans des tems de ténebres, des Casuistes qui ont traité le pour & le contre des questions aujourd'hui éclaircies, ou mises en oubli. Mais, de bonne foi, est-ce par la satyre ingénieuse des *Lettres Provinciales* qu'on doit juger de leur morale ? C'est assurément par le P. Bourdaloue, par le P. Cheminais, par leurs autres Prédicateurs, par leurs Miſſionnaires.

Qu'on mette en parallele les *Lettres Provinciales* & les Sermons du P. Bourdaloue, on apprendra dans les premiers l'art de la raillerie, celui de préſenter des choſes indifférentes ſous des faces criminelles, celui d'inſulter avec éloquence : on apprendra avec le P. Bourdaloue à être ſévere à ſoi-même, & indulgent pour les autres. Je demande alors de quel côté eſt la vraie morale, & lequel de ces deux Livres eſt utile aux hommes.

J'oſe dire qu'il n'y a rien de plus contradictoire, rien de plus honteux pour l'humanité, que d'accuſer de morale relâchée des hommes qui menent en Europe la vie la plus dure, & qui vont chercher la mort au bout de l'Aſie & de l'Amérique. Quel eſt le Particulier qui ne ſera pas conſolé d'eſſuyer des calomnies, quand un corps entier en éprouve continuellement d'auſſi cruelles ? Je voudrais bien que l'Auteur de ces Libelles pitoyables, dont nous ſommes fatigués, vînt un jour aux pieds d'un Jéſuite au Tribunal de la pénitence, & que là il fit un aveu ſincere de ſa conduite, en préſence de Dieu, il ſerait obligé de dire : » J'ai oſé traiter de *Perſécuteur* un Roi » adoré de ſes ſujets : j'ai appellé cent » fois ſes Miniſtres, des Miniſtres d'i- » niquité : j'ai vomi les calomnies les » plus noires contre le premier du Royau- » me, contre un Cardinal qui a rendu » des ſervices eſſentiels dans ſes ambaſ- » ſades auprès de trois Papes : je n'ai reſ- » pećté ni le nom, ni l'autorité ſainte, » ni les mœurs pures, ni la grandeur » d'ame, ni la vieilleſſe vénérable de mon » Archevêque. L'Evêque de Langres, » dans une maladie populaire qui faiſait » du ravage à Chaumont, accourut avec » des Médecins & de l'argent, & arrêta » le cours de la maladie : il a ſignalé » toutes les années de ſon Epiſcopat par » les actions de la charité la plus noble ; » & ce ſont ces mêmes actions que j'ai » empoiſonnées. L'Evêque de Marſeille, » pendant que la contagion dépeuplait » cette Ville, & qu'il ne ſe trouvait plus, » ni qui donnât la ſépulture aux morts, » ni qui ſoulageât les mourans, allait le » jour & la nuit, les ſecours temporels » dans une main, & Dieu dans l'autre, » affronter de maiſons en maiſons un

» danger beaucoup plus grand que celui » où l'on eſt expoſé à l'attaque d'un chemin couvert ; il ſauva les triſtes reſtes » de ſes Diocéſains par l'ardeur du zele » le plus attendriſſant, & par l'excès » d'une intrépidité, qu'on ne caractériſerait pas ſans doute aſſez, en l'appellant héroïque ; c'eſt un homme dont le » nom ſera béni avec admiration dans » tous les âges : ce ſont ceux qui l'ont » imité que j'ai voulu décrier dans mes » petits Libelles diffamatoires. «

Je ſuppoſe pour un moment que le Jéſuite qui entendrait cet aveu eût à ſe plaindre de tous ceux qu'on vient de nommer ; qu'il fût le parent & l'ami du coupable, ne lui dirait-il pas : Vous avez commis un crime horrible & vous ne pouvez trop l'expier ?

Ce même homme qui ne ſe corrigera pas, continuera de calomnier tous les jours ce qu'il y a de plus reſpectable ſur la terre, & il ajoutera à ſa Liſte le Confeſſeur qui lui aura reproché ſes excès : il l'accuſera lui & ſa Société d'une morale relâchée. C'eſt ainſi que l'eſprit de parti eſt fait. L'Auteur du Libelle peut, tant qu'il voudra, mettre mon nom dans le Recueil immenſe & oublié de ſes calomnies : il pourra m'imputer des ſentimens que je n'ai jamais eus, des Livres que je n'ai jamais faits, ou qui ont été altérés indignement par les Editeurs. Je lui répondrai comme le grand Corneille dans une pareille occaſion : *Je ſoumets mes Ecrits au jugement de l'Egliſe.* Je doute qu'il en faſſe autant. Je ferai bien plus : je lui déclare à lui & à ſes ſemblables, que ſi jamais on a imprimé ſous mon nom une page qui puiſſe ſcandaliſer ſeulement le Sacriſtain de leur Paroiſſe, je ſuis prêt de la déchirer devant lui ; que je veux vivre & mourir tranquille dans le ſein de l'Egliſe Catholique, Apoſtolique & Romaine, ſans attaquer perſonne, ſans nuire à perſonne, ſans ſoutenir la moindre opinion qui puiſſe offenſer perſonne : je déteſte tout ce qui peut porter le moindre trouble dans la Société. Ce ſont ces ſentimens connus du Roi qui m'ont attiré ſes bienfaits. Comblé de ſes graces, attaché à ſa perſonne ſacrée, chargé d'écrire ce qu'il a fait de glorieux & d'utile pour la patrie, uniquement occupé de cet emploi, je tâcherai, pour le remplir, de mettre en pratique les inſtructions que j'ai reçues dans votre Maiſon reſpectable ; & ſi les régles de l'éloquence que j'y ai apprises se sont effacées de mon esprit, le caractere de bon citoyen ne s'effacera jamais de mon cœur.

On a vû, je crois, ce caractere dans tous mes Ecrits, quelque défigurés qu'ils soient par les ridicules éditions qu'on en a faites. La Henriade même n'a jamais été correctement imprimée. On n'aura probablement mes véritables Ouvrages qu'après ma mort; mais j'ambitionne peu, pendant ma vie, de grossir le nombre des Livres dont on est surchargé, pourvû que je sois au nombre des honnêtes gens, attachés à leur Souverain, zélés pour leur patrie, fideles à leurs amis dès l'enfance, & reconnaissans envers leurs premiers Maîtres. C'est dans ces sentimens que je serai toujours.

A Paris, 7 Février 1746.

RÉPONSE

*DU R. P. DE***.*

MONSIEUR, j'ai reçu la Lettre ſi judicieuſe, ſi belle, & ſi touchante dont vous venez de m'honorer; & je l'ai vûe avec autant de reconnaiſſance que de plaiſir & d'admiration, puiſqu'elle eſt tout à la fois l'ouvrage de la raiſon, l'apologie de la vérité, & l'expreſſion fidelle des ſentimens les plus vertueux. Dans l'uſage que nous en ferons, Monſieur, nous conſulterons moins nos intérêts que votre gloire : rien ne peut donner plus de conſolation à tout ce qui aime la vertu, le bien, la Religion, que de voir les talens les plus connus, plaider leur défenſe avec tant de zele & d'onction.

A notre égard, nous ne pouvons qu'être infiniment touchés de la juſtice que vous nous rendez; elle entretiendra notre émulation; elle l'augmentera même. Nous tâcherons de conſerver ce même eſprit qui nous mérite votre eſtime:

nous n'ambitionnons aucune des pompeuſes chimeres que la malignité & la ſottiſe continuent à nous attribuer avec une perſévérance auſſi odieuſe qu'affligeante pour l'humanité : nous conſacrons & nos forces & nos peines, nous bornons tous nos vœux à tranſporter & à diſtribuer dans tous les Etats, par tout ce que nous avons l'honneur d'élever, le regne de la Religion & de la vertu, l'amour du Souverain, de la Patrie, des devoirs, le goût des travaux utiles, la douceur & l'honnêteté des mœurs, & ces principes invariables qui font penſer à agir avec zele pour le repos commun de la ſociété & des familles. Je ne ſçais point ſi la perſécution ſe laſſera de nous éprouver : mais j'eſpere qu'elle ne nous découragera jamais.

Quoique je ne puiſſe, Monſieur, attribuer l'honneur que vous me faites de vous adreſſer à moi, qu'à la place que je remplis, je n'en ſuis pas moins ſenſible à une attention qui m'honore infiniment ; Je voudrais bien mériter perſonnellement cette diſtinction : peut-être n'en ſuis-je pas ſi indigne, ſi vous avez la bonté de ne conſulter, pour l'accorder, que les qualités du cœur, & que l'eſtime aussi étendue que respectueuse, avec laquelle j'ai l'honneur d'être, &c.

LETTRE

Au Traducteur d'un Poëme Latin sur le* PRINTEMS.

JE vous suis obligé, mon cher ***, des vers Latins & Français que vous avez bien voulu m'envoyer. Je ne sçais point quel est l'Auteur des Latins; mais je le félicite, quel qu'il soit, sur le goût qu'il a, sur son harmonie, & sur le choix de la bonne Latinité, & sur-tout de l'espece convenable à son sujet.

Rien n'est si commun que des vers Latins, dans lesquels on mêle le style de *Virgile* avec celui de *Terence*, ou des Epîtres d'*Horace*. Ici il paraît que l'Auteur s'est toujours servi de ces expressions tendres & harmonieuses qu'on trouve dans les Eglogues de *Virgile*,

---

* Le Poëme Latin est de M. *Favieres*, Conseiller au Parlement

dans *Tibulle*, dans *Properce*, & même dans quelques endroits de *Pétrone*, qui respirent la molleſſe & la volupté. Je ſuis enchanté de ces vers :

Ridet ager, laſcivit humus, nova naſcitur arbos,
Baſia laſcivæ jungunt repetita Columbæ.

Et en parlant de l'amour :

Vulnere qui certo lædere pectus amat.

Je n'oublierai pas cet endroit où l'on parle des plaiſirs qui fuient la Jeuneſſe :

Sic fugit humanæ tempeſtas aurea vitæ ;
Arguti fugiunt, agmina blanda, joci.

Je citerais trop de vers, ſi je marquais tous ceux dont j'ai goûté la force & l'énergie.

Mais quoique l'ouvrage ſoit rempli de feu & de nobleſſe, je conſeillerais plutôt à un homme qui aurait du goût & du talent pour la Littérature, de les employer à faire des vers Français. C'eſt à ceux qui peuvent cultiver les Belles-Lettres avec avantage à faire à notre Langue l'honneur qu'elle mérite. Plus on a fait proviſion des richeſſes de l'Antiquité, & plus on eſt dans l'obligation de les tranſporter en ſon pays. Ce n'eſt pas à ceux qui méprisent *Virgile*, mais à ceux qui le possédent, d'écrire en Français.

Venons maintenant, mon cher ***, à votre traduction du *Printems*, ou plutôt à votre imitation libre de cet ouvrage. Vos expressions sont vives & brillantes, vos images bien frappées, & surtout je vois que vous êtes fidele à l'harmonie, sans laquelle il n'y a jamais de Poësie. Il faudrait vous rappeller ici trop de vers, si je voulais marquer tous ceux dont j'ai été frappé. Adieu, je vais dans un pays où le Printems ne ressemble gueres à la description que vous en faites l'un & l'autre. Je pars pour l'Angleterre dans quatre ou cinq jours, & je suis bien loin assurément de faire des Tragédies.

Frange, miser, calamos, vigilataque prælia dele.

J'ai renoncé pour jamais aux vers.

Nunc versus & cætera ludicra pono.

Mais il s'en faut bien que je sois devenu Philosophe comme celui dont je vous cite les vers. Adieu, je vous aime en vers & en prose de tout mon cœur, & vous serai attaché toute ma vie.

Ce 4 *Mars* 1731.

LETTRE A M. DE LA ROQUE,

1736.

Je suis bien fâché, Monsieur, qu'un peu d'indisposition m'empêche de vous écrire de ma main. Je n'ai que la moitié du plaisir, en vous marquant ainsi combien je suis sensible à vos politesses. Il est bien doux de plaire à un homme qui, comme vous, connaît & aime tous les Beaux-Arts. Vous me rappellez toujours par votre goût, par votre politesse & par votre impartialité, l'idée du charmant M. de la Faye, qu'on ne peut trop regretter. Je pense bien comme vous sur les Beaux-Arts.

Vers enchanteurs, exacte prose,
Je ne me borne point à vous :
N'avoir qu'un goût est peu de chose ;
Beaux-Arts, je vous invoque tous.
Musique, Danse, Architecture,
Art de graver, docte Peinture,
Que vous m'inspirez de désirs !
Beaux-Arts, vous êtes des plaisirs ;
Il n'en est point qu'on doive exclure.

Je voudrais bien, Monſieur, vous envoyer quelques-unes de ces bagatelles, pour leſquelles vous avez trop d'indulgence : mais vous ſçavez que ces petits airs que j'adreſſe quelquefois à mes amis, reſpirent une liberté dont le Public ſévere ne s'accommoderait pas. Si parmi ces libertins qui vont toujours nuds, il s'en trouve quelques-uns vétus à la mode du pays, j'aurai l'honneur de vous les envoyer. Je ſuis, &c.

LETTRE A M. T***.

A Monrion près de Lauſanne, 26 Mars 1757.

MON cher & ancien ami, de tous les éloges dont vous comblez ce faible *Eſſai ſur l'Hiſtoire générale*, je n'adopte que celui de l'impartialité, de l'amour extrême pour la vérité, du zele pour le bien public, qui ont dicté cet ouvrage.

J'ai fait tout ce que j'ai pû toute ma vie pour contribuer à étendre cet eſprit de philoſophie & de tolérance qui ſemble aujourd'hui caractériſer le ſiécle. Cet eſprit qui anime tous les honnêtes gens de l'Europe, a jetté d'heureuſes racines dans le pays, où d'abord le ſoin de ma mauvaiſe ſanté m'avait conduit, & où la reconnaiſſance & la douceur d'une vie tranquille m'arrêtent.

Ce n'eſt pas un petit exemple du progrès de la raiſon humaine, qu'on ait imprimé à Genève, dans cet *Eſſai ſur l'Hiſtoire*, avec l'approbation publique, que *Calvin* avait une ame atroce, auſſi-bien qu'un eſprit éclairé.

Le meurtre de *Servet* paraît aujourd'hui abominable. Les Hollandais rougiſſent de celui de *Barnevelt*. Je ne ſçais encore ſi les Anglais auront à ſe reprocher celui de l'Amiral *Bing*.

Mais ſçavez-vous que vos querelles abſurdes, & enfin l'attentat de ce monſtre *Damiens*, m'attirent des reproches de toute l'Europe Littéraire? Eſt-ce là, me dit-on, cette Nation que vous avez peinte ſi ſage? A cela je réponds (comme je peux) qu'il y a des hommes qui ne ſont ni de leur ſiécle, ni de leur pays. Je ſoutiens que le crime d'un ſcélérat & d'un inſenſé de la lie du peuple, n'eſt point l'effet de celui du tems. Châtel & Ravaillac furent enivrés des fureurs épidémiques qui regnaient en France. Ce fut l'esprit du fanatisme public qui les inspira; & cela est si vrai, que j'ai lû une Apologie pour Jean Châtel & ses fauteurs, imprimée pendant le procès de ce malheureux. Il n'en est pas ainsi aujourd'hui. Le dernier attentat a saisi d'étonnement & d'horreur la France & l'Europe.

Nous détournons les yeux de ces abominations dans notre petit pays Roman, appellé autrement le pays de *Vaud*, le long des bords du beau lac *Léman*. Nous y faisons ce qu'on devrait faire à Paris; nous y vivons tranquilles, nous y cultivons les Lettres sans cabale.

Tavernier disait que la vûe de Lausanne, sur le lac de Genève, ressemble à celle de Constantinople; mais ce qui m'en plaît davantage, c'est l'amour des Arts qui anime tous les honnêtes gens de Lausanne.

On ne vous a point trompé, quand on vous a dit qu'on y avait joué *Zaïre*, l'*Enfant Prodigue*, & d'autres Pieces, aussi-bien qu'on pourrait les représenter à Paris. N'en soyez point surpris; on ne parle, on ne connaît ici d'autre Langue que la nôtre. Presque toutes les familles

y

y sont Françaises, & il y a ici autant d'esprit & de goût qu'en aucun lieu du Monde.

On ne connaît ici ni cette platte & ridicule Histoire de la Guerre de 1741, qu'on a imprimée à Paris sous mon nom; ni cette infâme rapsodie, intitulée *la Pucelle d'Orléans*, remplie de vers les plus plats & les plus grossiers que l'ignorance & la stupidité ayent jamais fabriqués, & de ces insolences les plus atroces que l'effronterie puisse mettre sur le papier.

Il faut avouer que depuis quelque tems on a fait à Paris des choses bien terribles avec la plume & le canif.

Je suis consolé d'être loin de mes amis, en me voyant loin de toutes ces énormités, & je plains une Nation aimable qui produit des monstres.

LE PRÉSERVATIF.

I.

Il est juste de détromper le Public, quand il est à craindre qu'on ne l'abuse. On ne connaît que trop les guerres des Auteurs. La plûpart des Journalistes qui s'érigent en Arbitres, font souvent eux-mêmes les plus violens actes d'hostilité. Je puis dire par l'expérience que j'ai dans la Littérature, qu'il se forme autant d'intrigues pour faire valoir ou pour détruire un Livre, dont souvent personne ne se soucie, que pour obtenir un poste important.

On sçait que le Journal des Sçavans de Paris, pere de cette multitude de Journaux, enfans très-souvent peu semblables à leur pere, s'est assez préservé de la contagion des Cabales.

Mais parmi les Auteurs de ces petites Gazettes volantes, qu'on débite tantôt sous le nom de *Nouvelliste du Parnasse*, tantôt sous le nom d'*Observations*, on ne trouve ni le même goût, ni la même ſcience, ni la même équité. J'ai donc cru rendre quelque ſervice aux Amateurs des Lettres, en aſſemblant des bévûes que j'ai trouvées dans pluſieurs feuilles intitulées, *Obſervations*, que j'ai lûes par haſard.

Nombre 100. Le faiſeur d'Obſervations dit qu'un grand Prince a condamné le genre Comique larmoyant dans la Piece de Dom Sanche d'Arragon, de Pierre Corneille, & aſſure que ce goût ne doit point ſubſiſter parmi nous, après cette condamnation.

Il y a en cela trois fautes : la premiere, que le goût d'un Prince ne ſuffit pas pour régler celui du Public ; la ſeconde, que le Dom Sanche d'Arragon de Pierre Corneille, n'eſt point d'un genre Comique attendriſſant, & qui faſſe verſer des larmes, comme certaines Scenes du Bourreau de ſoi-même de *Térence*, la Scene très-tendre entre une mere & une fille dans Eſope à la Cour, celles du Préjugé à la mode, de l'Enfant prodigue, &c. Dom Sanche d'Arragon eſt une Comédie héroïque & non larmoyante, comme le dit l'*Obſervateur*. Ce fut la froideur, & non l'intérêt qui la fit tomber : jamais une Piece intéressante ne tombe.

La troisieme faute, & plus grande, est de s'ériger en juge d'un Art qu'on ne connaît pas, & de dire avec hardiesse, que ce qui a plû dans Paris & dans l'ancienne Rome, n'a pas dû plaire. Des Scenes attendrissantes ont toujours été bien reçues à la Comédie de tous les tems, parce que les actions des Particuliers peuvent être touchantes aussi-bien que ridicules; & on peut leur appliquer ce que dit *Horace*:

Interdùm vocem Comedia tollit.

I I.

Dans la même feuille, l'Auteur rapporte une longue critique sur un problême d'optique qu'il n'entend point; on lui a fait accroire qu'il s'agissait dans ce problême de la trisection de l'angle, & il n'en est point du tout question. L'Auteur que le Critique reprend, sans le comprendre, est M. de V***. J'ai lû soigneusement l'endroit en question dans la Préface de l'édition de Londres des Elémens de Newton.

L'*Observateur* n'a point lû cet Ouvrage qu'il ose critiquer; car il reproche à M.

de V***, d'avoir donné des regles pour partager un angle en trois avec le compas, & c'est de quoi M. de V*** n'a pas dit un mot dans ses Elémens. L'*Observateur* s'est fié en cela à un Géometre qui s'est moqué de lui, & comme il ne sçait pas qu'on ne peut trouver la trisection de l'angle, que par les sections coniques & par l'algébre, il a rapporté de bonne foi dans sa feuille, une critique qu'on lui a suggérée, pour le faire donner dans le panneau; c'est un exemple pour ceux qui parlent de ce qu'ils ignorent.

III.

Je prends les feuilles de l'*Observateur* indifferemment, à mesure qu'on me les prête pour les lire : je trouve une étrange bévûe dans la Lettre 27. *Brutus*, dit-il, *plus Quakre que Stoicien, a des sentimens plus monstrueux qu'héroïques.* Ne dirait-on pas, à ces paroles, que les *Quakres* sont une Secte d'hommes sanguinaires? Cependant tout le monde sçait qu'une des premieres Loix des *Quakres* est de ne porter jamais d'armes offensives sous quelque prétexte que ce soit, & de ne jamais repousser une injure. La méprise eſt auſſi grande que s'il avait dit : *Le cruel Brutus, plus Capucin que Stoïcien.*

I V.

Nombre 199. En rendant compte d'une Hypotheſe de M. l'Abbé de *Molieres*, il dit que *ce Phyſicien ſe conforme aux expériences de Newton ; par exemple, que les corps parcourent, en tombant, 15 pieds dans la premiere ſeconde, & qu'à des diſtances différentes du centre de la terre, le même mobile n'aurait pas le même degré de vîteſſe accélératrice.*

Il y a ici trois fautes. *Newton* n'a point trouvé par expérience que les corps tombent de 15 pieds dans la premiere ſeconde : c'eſt *Huyghens* qui a déterminé cette chute dans ſes beaux théorêmes de Pendule.

Secondement, ce n'eſt qu'à des diſtances très-conſidérables & inacceſſibles aux hommes que cette différence ſerait ſenſible.

Troiſiemement, cette différence de la force accélératrice à des diſtances différentes n'eſt fondée ſur aucune expérience, mais ſur une démonſtration géométrique. Voilà les bévûes où l'on s'expoſe, quand on veut juger de ce qui n'est pas à notre portée.

V.

Nombre 17. L'*Observateur*, rapporte une ancienne dispute Littéraire, entre Monsieur *Dacier* & le Marquis de *Sévigné*, au sujet de ce passage d'*Horace*.

Difficile est proprie communia dicere.

Il rapporte le Factum ingénieux de M. de *Sévigné*; *& pour M. Dacier*, dit-il; *il se défend en Sçavant, & c'est tout dire : des expressions maussades & injurieuses sont les ornemens de son érudition.*

Il y a dans ce discours de l'*Observateur* trois fautes bien étranges.

Premierement, il est faux que ce soit le caractere des Sçavans du siecle de LOUIS XIV, d'employer des injures pour toutes raisons.

Secondement, il est très-faux que M. Dacier en ait usé ainsi avec le Marquis de Sévigné : il le comble de louanges, & il conclut son Mémoire par lui demander son amitié : apparemment que l'*Observateur* n'a pas lû cet écrit.

Troisiemement, il est indubitable que Dacier a raison pour le fond, &

qu'il a très-bien traduit ce vers d'Horace :

Difficile est propriè communia dicere.

Il est très-difficile de bien traiter des sujets d'invention... Car si vous mettez sous les yeux du Lecteur la phrase entiere d'Horace, vous verrez que la fin explique le commencement.

Difficile est propriè communia dicere, tuque
Rectiùs Iliacum carmen deducis in actus,
Quàm si proferres ignota, indictaque primus.

Il est difficile de bien traiter un sujet d'invention, & vous composerez plus aisément une Tragédie tirée de l'Iliade, que de votre propre tête.

Voilà qui fait un sens clair, & qui prouve que *Commune* veut dire en cet endroit, *intactum*, un sujet neuf.

Ainsi l'Abbé Desfontaines n'a pas entendu Horace, n'a pas lû l'écrit de M. Dacier qu'il critique, & a tort dans tous les points.

V I.

Nombre 201, &c. Il dit que Ciceron est moins serré que Séneque, & que Séneque est plus verbeux. Peu importe, à la vérité au Public, qu'on ait tort ou raiſon ſur cette bagatelle : mais les jeunes gens qui étudient ſeraient trompés, s'ils croyaient que Séneque exprime ſa penſée en plus de mots que Ciceron; car c'eſt ce que ſignifie *verbeux* : il n'y a perſonne qui ne ſçache que le défaut de Séneque eſt d'être au contraire, trop précis dans ſes expreſſions.

VII.

Même nombre. *Si les Anglais*, dit-il, *continuent d'encenſer encore leur vuide, & d'attribuer de merveilleuſes propriétés au néant, &c.*

Qui a jamais dit que M. Newton ait encenſé le vuide ? Cette expreſſion eſt très-mauvaiſe en tout ſens. Il eſt faux que M. Newton ait attribué de merveilleuſes propriétés au vuide; il a démontré que les corps, & non le vuide, agiſſent à des diſtances immenſes les uns ſur les autres, dans un milieu non réſiſtant. Il faudrait au moins ſe faire informer de l'état de la queſtion, avant que d'inſulter de grands hommes, dont on n'a lû, ni pû lire les ouvrages.

VIII.

Nombre 87. Il ſe fait écrire une Lettre par un Anglais pour se louer lui-même, & il fait proposer dans cette Lettre de faire une nouvelle édition d'un Libelle de sa façon, intitulé : *Dictionnaire Néologique* : ce Libelle est l'Ouvrage auquel il donne le plus d'éloges dans sa Gazette Littéraire : il est bon qu'on sçache que ce Dictionnaire Néologique est une Satyre dans laquelle on prend la peine inutile de relever des fautes connues de tout le monde, & de critiquer de très-belles choses, à la faveur des mauvaises qu'on reprend. C'est un Libelle où l'Auteur veut faire passer sa fausse monnoie parmi la bonne, qui n'est pas de lui. Je vais en donner quelques exemples.

Monsieur de Fontenelle, dans ses Eloges des Académiciens, Livre plein d'esprit & de raison, & qui rend les Sciences respectacles, dit dans l'éloge de M. de Varignon : *Nos journées passaient comme des momens, grace à ces plaisirs qui ne sont pourtant pas compris dans ce qu'on appelle ordinairement les plaisirs. Nous partions à nous quatre une bonne partie des différentes Langues de l'Empire des Lettres, & nous nous sommes dispersés de-là dans toutes les Académies.*

Ailleurs, il dit très-à-propos :

N'est-il pas juste en effet, que la Science ait des ménagemens pour l'Ignorance, qui est son aînée, & qu'elle trouve toujours en possession.

✤

Mallebranche fait un partage si net entre la raison & la foi, & assigne à chacune des objets si séparés, qu'elles ne peuvent plus avoir aucune occasion de se brouiller.

✤

On ne ferait pas tout ce que l'on peut, sans l'espérance de faire plus qu'on ne pourra.

✤

Il ne s'instruisait pas par une grande lecture, mais par une profonde méditation; un peu de lecture jettait dans son esprit des germes de pensées que la méditation faisait ensuite éclorre, & qui rapportaient au centuple. Il devinait, quand il en avait besoin, ce qu'il eût trouvé dans les Livres, & pour s'épargner la peine de les lire, il se les faisait lire.

✤

Il semblait ne plus voir par ses yeux, mais par sa raison seule. La persuasion artificielle de la Philosophie, quoique formée par de longs circuits, égalait en lui la persuasion la plus naturelle, & causée par les impressions les plus promptes & les plus vives : les autres croyent ce qu'ils voyent ; pour lui, ce qu'il croyait, il le voyait.

Monsieur de Varignon m'a fait l'honneur de me léguer tous ses papiers par son Testament, j'en rendrai au Public le meilleur compte qu'il me sera possible : du reste je promets de ne rien détourner à mon usage particulier des trésors que j'ai entre les mains, & je compte que j'en serai cru ; il faudrait un plus habile homme, pour faire sur ce sujet quelque mauvaise action avec quelque espérance de succès.

Ce sont-là les morceaux qu'un Ecrivain tel que l'Abbé Desfontaines ose essayer de tourner en ridicule. Le plus grand des ridicules est assurément d'en vouloir donner à ceux à qui on est si prodigieusement inférieur.

X I.

Dans ce même Dictionnaire Néologique il reprend *génie conséquent*, *esprit conséquent* : il ne sçait pas que c'est une expression très-juste & très-usitée.

Il veut tourner en ridicule ces vers de feu M. de la Mothe, sous prétexte que dans Richelet le mot *contemporain* n'est pas féminin :

D'une estime contemporaine
Mon cœur eût été plus jaloux ;
Mais, hélas ! elle est aussi vaine
Que celle qui vient après nous.

Il trouve impertinens ces deux vers très-sensés :

Et notre être même est un point
Que nous sentons sans connaissance.

Il ridiculise encore cette belle expression de M. R*** le fils, dans une Epître didactique :

Les signes du plaisir, les couleurs de la joie.

Il ne voit pas que dans cette expression il y a à la fois de la vérité & de l'imagination, & que par conséquent elle est belle.

Il reprend le pere Catrou, d'avoir dit que les pourceaux *paissent le gland*, & il ajoute, qu'ils paissent encore quelque chose qu'il ne faut pas dire. C'est ainsi qu'avec la plus basse des grossieretés, il reprend une expression noble; mais revenons aux *Observations.*

X.

Nombre 197. En faisant l'extrait d'une certaine Harangue Latine de M. Turretin, *il se plaint de la disette des Mécénas*, & de la malheureuse situation des Sçavans; & il répete cette plainte dans tous ses Livres.

Il devrait sçavoir que jamais les Sciences n'ont été plus encouragées en France. Le voyage au Pôle & à l'Equateur, entrepris à de si grands frais, les pensions données à M. de Réaumur, à M. de V***, à nos meilleurs Auteurs, & en dernier lieu à M. de Crébillon, en sont une preuve. Il est vrai qu'un homme qui n'a de mérite que celui de la Satyre, est très-méprisé parmi nous, & est souvent puni, au lieu d'être récompensé; & cela est très-juste.

X I.

Nombre 185. Un homme de goût avait trouvé peu de justesse dans cette phrase de l'Oraison funebre de la Reine d'Angleterre, par M. Bossuet : *l'Angleterre est plus agitée en sa terre & en ses ports mêmes, que l'Océan qui l'environne.* Il est clair qu'*agitée en sa terre* n'est pas une bonne expression ; il est clair que s'il y a de l'agitation, elle doit être dans les ports, comme au milieu des terres, & que cette phrase n'est pas digne de l'éloquent & admirable M. Bossuet.

L'*Observateur* se moque du goût de celui qui a repris avec raison cette phrase ; ainsi l'*Observateur* se trompe, & quand il approuve, & quand il condamne.

XII.

Nombre 202. En rendant compte du voyage de Messieurs les Académiciens au cercle polaire : *Venus*, dit-il, *a été observée au méridien au-dessous du Pôle.* Il ignore qu'une Planette n'est ni au-dessous du Pôle, mais toujours dans le Zodiaque, & tantôt Septentrionale, tantôt Méridionale. Il ne fallait pas changer les expressions de M. de Maupertuis, pour lui faire dire une telle absurdité. Quand on ignore les choses dont on parle, il faut copier mot à mot les gens du métier, ou se taire.

XIII.

Nombre 88. Il fait l'éloge d'une ancienne Gazette, intitulée : *Le Nouvelliste du Parnasse*, & il la compare modestement aux premiers Journaux des Sçavans, parce qu'elle est de lui ; ce n'est pas la moins considérable de ses fautes.

XIV.

Nombre 200 Tome 14. Il proteste sur son honneur qu'il n'a point écrit contre les Médecins de Paris ; mais en 1736, il protesta sur son honneur à M. l'Abbé d'Olivet dans une Lettre lue publiquement à l'Académie Française, qu'il n'avait point eu de part au Libelle contre plusieurs Membres de cette Académie : cependant il fut convaincu à la Chambre de l'Arsenal, d'avoir vendu trois louis au Libraire Ribou, ce Libelle qu'il avait désavoué sur son honneur ; il fut condamné, & n'obtint que très-difficilement sa grace.

XV.

Nombre 190. Il dit en parlant d'une Epître sur l'égalité des conditions, *qu'il y a des maux légers & des maux insup-*

portables dans la vie : on le sçait bien. *Mais où est donc l'égalité des conditions*, dit-il ? Il n'a pas compris que les accidens de la vie ne sont pas des conditions. Une maladie incurable, ou bien le mépris & la haine du Public ne sont attachés à aucune condition, mais dans tous les états on peut être méchant, méprisé & misérable. Il dit dans la même feuille qu'après la mort du Maréchal d'Ancre, le Peuple se repentit de sa barbarie & lui rendit justice. C'est un fait absolument faux : le Peuple ne donna aucun signe de repentir. Dans la même feuille il rapporte ces vers connus :

Le bonheur est le port où tendent les humains ;
Les écueils sont fréquens, les vents sont incertains ;
Le Ciel, pour aborder cette rive étrangere,
Accorde à tout mortel une barque légere.

Si ce port du bonheur, dit-il, *est une rive étrangere, le bonheur n'est donc plus dans moi.* C'est raisonner très-mal ; car l'art du Pilote est dans moi, & l'on n'est heureux qu'autant que l'on conduit sagement sa barque ; un médisant, un ingrat, un calomniateur, un homme qui a des mœurs infâmes, conduit sa barque très-mal, & son malheur est dans lui.

XVI.

Nombre 166. Je prends toujours ces feuilles sans ordre, & la suite de *numero* est inutile, puisque cet Ouvrage est sans aucune liaison : voici une preuve de son bon goût. *On m'a envoyé*, dit-il, *depuis peu une très-belle Ode. On y fait ainsi parler les Déistes.*

Ils ont dit ; de mille chimeres
Une absurde combinaison,
Un tissu de sombres Mysteres,
Ne tient pas devant la Raison.
Tranquille au haut de l'Empirée,
Par cette interprete sacrée,
Dieu daigna se manifester.
Loin de nous tout Dogme apocrife ;
La Raison, voilà le Pontife,
L'Apôtre qu'il faut écouter.

Toute l'Ode est dans ce style, & c'est-là le style de l'*Observateur* dans un gros recueil de vers de sa façon qu'il a donné *incognitò* au Public ; mais il dit que c'est ainsi qu'il faut écrire.

XVII.

Nombre 171. C'est avec le même goût qu'il donne les vers suivans, pour une belle traduction de ce vers d'Horace :

Versus inopes rerum; nugæque canoræ.

Un emphatique & burlesque étalage
D'un faux sublime, enté sur l'assemblage
De ces grands mots, clinquant de l'oraison,
Enflés de vent & vuides de raison.

Nous n'avons gueres de plus mauvais vers dans notre Langue; figurez-vous ce que c'est qu'un *clinquant enflé de vent*, *étalage burlesque enté sur un assemblage* : nous dirons en passant que ce style Marotique, qui rassemble les expressions de tous les genres, est monstrueux, quand il s'agit de parler sérieusement.

Ce jargon dans un conte est encor supportable,
Mais le vrai veut un air, un ton plus respectable;
Le sage Despréaux laisse aux Esprits malfaits
L'art de moraliser du ton de Rabelais.

Ces vers d'un de mes amis sont un peu plus raisonnables, & doivent servir à faire voir le misérable abus du style Marotique dans des Ouvrages qui demandent une éloquence véritable.

XVIII.

Nombre 136. C'est avec le même goût, la même intelligence qu'il blâme Horace d'une chose qu'Horace n'a jamais pensée.

Horace a eu tort, dit-il, *de s'exprimer ainsi, en parlant du siecle d'Auguste.*

Venimus ad summum fortunæ, pingimus, atque
Psallimus, & luctamur, Achivis doctiùs unctis.

Le sens de ces vers est : *Nous sommes donc à ce compte supérieurs en tout ; la Peinture, la Musique, la Lutte, sont donc plus perfectionnées chez nous que chez les Grecs ? Qui osera le dire ?* Tous les bons Traducteurs d'Horace ont rendu ainsi ces vers, & il est impossible qu'ils ayent un autre sens.

Horace n'a point eu tort de dire, comme le prétend le Sieur Desfontaines, que les Romains l'emportaient sur les Grecs ; car il dit expressément le contraire. Si quelqu'un, par exemple, disait : Ce mauvais Critique est un Despréaux, un Petau, un Varron, ne devrait-on pas voir qu'il parlerait ironiquement ?

XIX.

Dans le même nombre, par un autre excès d'ignorance, il dit que les Peintres n'étaient que Barbouilleurs du tems d'Horace, & il le dit sans aucune preuve. Nous avons des Statues de ce tems-là faites par des Romains : leur beauté prouve que l'art du dessein était très-connu, & on sçait que la Peinture est toujours en honneur, quand la Sculpture est perfectionnée ; car ce sont deux branches de l'Art du dessein.

XX.

C'est avec la même justesse d'esprit que louant, nombre 73, un Satyrique de nos jours, il fait un long éloge de trois Epîtres écrites dans un style barbare, & pleines de choses communes, dites longuement.

Quel Lecteur peut supporter, par exemple, que Rousseau traduise en onze vers, & quels vers ! cette seule ligne d'Horace ?

Omne tulit punctum qui miscuit utile dulci.

Quel Auteur donc peut fixer leurs génies ?
Celui-là seul qui formant le projet
De réunir & l'un & l'autre objet,

Sçait rendre à tous l'utile délectable,
Et l'attrayant utile & profitable.
Voilà le centre & l'immuable point,
Où toute ligne aboutit & se joint.
Or ce grand but, ce point mathématique,
C'est le vrai seul, le vrai qui nous l'indique;
Tout, hors de lui, n'est que futilité,
Et tout en lui devient sublimité.

Despréaux a dit : *le vrai seul est aimable* ; qui peut souffrir qu'on allonge ainsi cette vieille pensée ?

Dans ton Histoire est un sublime essai,
Où tout est beau, parce que tout est vrai,
Non d'un vrai sec & crûment historique.

C'est insulter au Public que d'oser prodiguer de l'encens à de si mauvais vers.

XXI.

Je tombe dans le moment sur le nombre 139. *L'idée de M. Mairan*, dit-il, *est imitée du Systême de M. de Newton sur la lumiere.* Il faut lui apprendre que jamais Newton n'a fait de Systême sur la lumiere. Il a donné un Receuil d'expériences & de démonstrations mathématiques, sans autre ordre que celui dans lequel il a fait ses expériences : parler de ces découvertes comme d'un Système, c'est comme si on disait, le Système d'Euclide.

XXII.

Dans le même nombre, après avoir fait si mal le Physicien avec Newton, il fait le Musicien avec Rameau, & il accuse son Livre d'*être inutile*, *parce qu'il est vrai* : il voudrait que M. Rameau eût plus de goût, & il l'insinue souvent; il devait se souvenir de la fable d'un certain animal pesant & à longues oreilles, qui se plaignait du peu d'harmonie du Rossignol.

Il s'est transporté, dit-il nombre 147, *dans une maison où il a vû agir une pompe qui éleve cent muids d'eau par jour à la hauteur de* 130 *pieds, avec peu d'effort & de dépense.* Il est bon qu'il sçache que, quand on voit ainsi, on est très-peu propre à faire voir aux autres. S'il avait la moindre connaissance des méchaniques, il aurait sçu que le produit de la force par la vitesse ou par l'espace parcouru, est toujours égal au produit de la résistance par la vitesse ou par l'espace parcouru; que pour élever à 130 pieds cent mille muids d'eau par jour, il faudrait à chaque seconde élever le poids d'environ 148 livres; que la force d'un homme, pour élever des fardeaux, n'est estimée que 25 livres, & celle d'un cheval 175; que le chemin ou la vitesse de ces fardeaux est de trois pieds par seconde dans la main des hommes ou avec le pas des chevaux; qu'enfin, suivant ce calcul, en allouant encore très-peu de chose pour les frottemens, il faudrait la valeur de la force de quinze cens hommes ou de deux cens chevaux, par seconde, pour faire réussir cette machine. On ne peut que louer l'effort d'un bon Citoyen qui cherche à rendre service à l'Etat par des machines nouvelles; mais on ne peut que rire d'un Journaliste qui fait le Sçavant, & qui dit de telles sottises.

XXIII.

Au nombre 52, l'Auteur des *Observations* s'avise de parler de guerre; il a l'insolence de dire que feu M. le Maréchal de *Tallard* gagna la bataille de Spire contre toutes les regles, par une méprise & parce qu'il avait la vûe courte: *circonstance*, dit-il, *qu'il sçavait depuis long-tems*. Il faut apprendre à cet homme,

homme, ci-devant Jésuite & Curé, ce que c'est que la bataille de Spire. Voici ce qu'en dit dans une de ses Lettres un des meilleurs Lieutenans-Généraux qu'ait eu la France.

« M. le Maréchal de Tallard ayant » assiégé Landau, M. le Prince de Hesse » & M. de Nassau-Neubourg, à la tête » de l'armée des Alliés, forcerent plu- » sieurs marches pour secourir la Ville; » je marchais cependant pour joindre » l'armée du siége, & il était à craindre » que les Alliés se portant entre M. de » Tallard & moi, ne lui coupassent les » vivres. La situation était embarrassan- » te, les ennemis n'avaient plus que deux » marches à faire pour attaquer M. de » Tallard; il prit sa résolution sur le » champ: il m'envoye dire de marcher » en toute diligence avec ma Cavalerie, » vers le Spireback que les ennemis pas- » saient; & il fait lui-même deux mar- » ches forcées pour aller attaquer ceux » qui comptaient le surprendre. Un Es- » pion, auquel il donna mille écus, l'ins- » truisit de l'état de l'armée ennemie; » je le joignis avec deux mille chevaux, » mon Infanterie suivait. Nous arrivâ- » mes au Spireback dans le tems que les

» Généraux Alliés étaient à table. Leur » armée se rangea en bataille avec beaucoup de confusion, & nous fondîmes » sur eux pendant qu'ils se formaient, » quoique toutes nos troupes ne fussent » pas arrivées. Je n'ai jamais vû tant de » célérité dans l'exécution : les ennemis » firent un feu, & obligerent même M. » de Puignion de reculer à leur droite; » mais M. le Maréchal fit charger la » bayonnette au bout du fusil, méthode » excellente & qui nous réussit presque » toujours; alors les ennemis ne firent » plus aucune résistance. »

Eh! bien, M. le Journaliste, est-ce là gagner une bataille par méprise? M. de Feuquieres, ennemi personnel de M. de Tallard, a pû le dire; il a fait par envie ce que vous faites par ignorance.

XXIV.

L'*Observateur*, nombre 69, parle de vers comme de Guerre & de Philosophie; il critique ce vers de M. *Gresset*.

Au sein des mers, dans une Isle enchantée.

Le sein de la Mer, dit-il, *ne peut s'entendre de sa surface* : il devrait au moins sçavoir qu'en poësie on dit : *Au sein des mers*, au lieu d'*au milieu des mers*; *au sein de la France*, au lieu d'*au milieu de la France*; *au sein des Beaux-Arts* dont on médit; *au sein de la basseſſe, de l'envie, de l'ignorance, de l'avarice*, &c.

XXV.

Nombre 8. On m'apporte dans le moment cette feuille : elle eſt curieuſe, & mérite une attention ſinguliere; voici comme il parle d'un Livre intitulé : *Le petit Philoſophe.*

J'en ai trop dit pour vous faire mépriſer un Livre qui dégrade également l'eſprit & la probité de l'Auteur; c'eſt un tiſſu de Sophiſmes libertins, forgés à plaiſir pour détruire les Principes de la Morale, de la Politique & de la Religion. Comment pourrait-on être ſéduit par un Ecrivain qui franchit toutes ſortes de bornes, & qui avoue d'un air cavalier, qu'il n'a étudié que dans les Caffés & dans les Cabarets?

Ne croirait-on pas, ſur cet expoſé, que cet Ouvrage intitulé : *Le petit Philoſophe*, ou *Alciphron*, eſt le produit de quelque coquin enfermé dans un Hôpital pour ſes mauvaiſes mœurs? On ſera bien ſurpris, quand on ſçaura que c'eſt un

Livre ſaint, rempli des plus forts argumens contre les libertins, composé par M. l'Evêque de Cloyne, ci-devant Miſſionnaire en Amérique. Celui qui a fait cet infâme portrait de ce ſaint Livre, fait bien voir par-là qu'il n'a lû aucun des Livres dont il a la hardieſſe de parler.

XXVI.

Ayant lû dans ces *Obſervations* pluſieurs traits contre M. de V***, & une Lettre qu'il ſe vante que M. de V*** lui a écrite; j'ai pris la liberté d'écrire moi-même à M. de V*** ſans le connaître; voici ce qu'il m'a répondu.

« Je ne connais l'Abbé G. Desf***, » que parce que M. T*** l'amena chez » moi en 1724, comme un homme qui » avait été ci-devant Jéſuite, & qui par » conſéquent était un homme d'étude; » je le reçus avec amitié, comme je re» çois tous ceux qui cultivent les Let» tres. Je fus étonné au bout de quinze » jours de recevoir une Lettre de lui, » datée de Bicêtre où il venait d'être ren» fermé. J'appris qu'il avait été mis trois » mois auparavant au Châtelet pour le » même crime dont il était accuſé, & » qu'on lui faiſait ſon procès dans les

» formes. J'étais alors assez heureux pour
» avoir quelques amis très-puissans, que
» la mort m'a enlevés. Je courus à Fon-
» tainebleau, tout malade que j'étais,
» me jetter à leurs pieds, je pressai, je
» sollicitai de toutes parts ; enfin j'obtins
» son élargissement, & la discontinuation
» d'un Procès où il s'agissait de la vie : je
» lui fis avoir la permission d'aller à la
» campagne chez M. le Président B***
» mon ami. Il y alla avec M. T*** :
» Sçavez-vous ce qu'il y fit ? Un Libelle
» contre moi. Il le montra même à M.
» T***, qui l'obligea de le jetter dans
» le feu ; il me demanda pardon, en me
» disant que le Libelle était fait un peu
» avant la date de Bicêtre ; j'eus la fai-
» blesse de lui pardonner, & cette fai-
» blesse m'a valu en lui un ennemi mor-
» tel, qui m'a écrit des Lettres anony-
» mes, & qui a envoyé vingt Libelles en
» Hollande contre moi. Voilà, Mon-
» sieur, une partie des choses que je
» puis vous dire sur son compte, &c. »

Je ne crois pas qu'une pareille Lettre ait besoin de Commentaire, aussi je n'en ferai point.

XXVII.

On m'apporte le nombre 17. Le satyrique Auteur essaye d'avilir la Mérope du Marquis Maffei. Cette Tragédie a sans doute des défauts ; mais ce n'est pas ceux que le Satyrique lui reproche. Il traduit : *gentile aspetto*, aspect aimable, par *jolie figure* ; *genitori innocenti*, les Auteurs vertueux de mes jours, par mes *parents gens de bien* ; *ben complesso*, taille avantageuse, par *bonne complexion*. Ainsi, dans une traduction que ce Critique fit en Français d'un Ouvrage Anglais de M. de V***, il prit le mot *Kake*, qui signifie *Gâteau*, pour le Géant *Cacus*.... Il est plaisant, il faut l'avouer, qu'un pareil homme s'avise de juger les autres.

XXVIII.

Voici les expressions qu'on m'a fait voir dans ses feuilles :

La fréquence fastidieuse d'un clinquant métaphysique.

***

Les Rustiques Contempteurs qui méprisent les Révolutions de Pologne, le second Gulliver, le Nouvelliste du Parnasse, &c.

Un sage Militaire enchanté d'un Auteur connu par les admirables saillies d'une délicate inintelligibilité.

***

Une Hypocrisie corporifiée par la Grace.

***

La nouvelle Faculté d'un Esprit paradoxal, érigée dans le beau Monde.

***

Un Savoyard qui décrotte des lambeaux de Métaphysique.

***

La Vérité habilement distillée par un Avocat Général, qui en tire l'essence du problématique judiciaire.

***

Je n'en copierai pas davantage : je me contenterai de demander, s'il sied bien à l'Auteur de ce *Galimathias* plein de bassesse, d'insulter au style de M. de *Marivaux*, & à tant d'autres.

XXIX.

Je crains de fatiguer le Public par les citations d'un Ouvrage dont les feuilles sont oubliées à mesure qu'elles paraissent. Je crois que le peu que j'ai dit, servira de *Préservatif*. Je continuerai, si la chose est nécessaire : j'avertis, en attendant, que le même Auteur donne ſous main, depuis quelque tems, une autre Brochure intitulée : *Réflexions ſur les Ouvrages de Littérature.* On dit qu'il combat ſouvent dans cette feuille ce qu'il a dit dans les *Obſervations.* Cela fait ſouvenir de gens d'une profeſſion à peu près ſemblable, qui font ſemblant de ſe battre pour ameuter les paſſans. N'eſt-il pas déplorable de voir un tel brigandage dans les Lettres?

LE BOURBIER,

SATYRE.

POUR tous Rimeurs, habitans du Parnasse,
De par Phébus, il est plus d'une place.
Les rangs n'y sont confondus comme ici,
Et c'est raison : ferait beau voir aussi
Le fade Auteur d'un Sonnet ridicule
Sur même lit couché près de *Catule*,
Ou bien la *Mothe*, ayant l'honneur du pas,
Sur le Harpeur, ami de Mécenas.
Trop bien Phébus fait de sa République
Régler le rang & l'Ordre hiérarchique;
Et dispensant l'honneur & dignité,
Donne à chacun ce qu'il a mérité.

Au haut du Mont sont fontaines d'eau pure,
Rians jardins, non tels qu'à Châtillon
En a planté l'Ami de *Crébillon*,
Et dont l'Art seul a fourni la parure;
Ce sont jardins ornés par la Nature,
Ce sont lauriers, orangers toujours verds:
Là séjournez, gentils faiseurs de vers,

Anacréon, *Virgile*, *Horace*, *Homere*,
(Vous qu'à genoux le bon *Dacier* révére ;)
De beaux lauriers y couronnent leur front.
Un peu plus bas, sur le penchant du Mont,
Est le séjour de ces esprits timides,
De la raison partisans insipides,
Qui, compassés dans leurs vers languissans,
A leur Lecteur font haïr le bon sens.

Adonc Ami, si, quand ferez voyage,
Vous abordez la poëtique plage,
Et que la *Mothe* ayez désir de voir,
Retenez bien qu'Illec est son manoir.
Là, ses Consorts ont leurs têtes ornées
De quelques fleurs presque en naissant fanées,
D'un sol aride incultes nourrissons,
Et dignes prix de leurs maigres chansons,
Cettui pays n'est pays de Cocagne.

Il est enfin au pied de la Montagne
Un Bourbier noir d'infecte profondeur,
Qui fait sentir sa mal-plaisante odeur
A tout chacun, fors à la troupe impure,
Qui va nageant dans ce fleuve d'ordure.
Et qui sont-ils ces Rimeurs diffamés ?
Pas ne prétends que par moi soient nommés :
Mais quand verrez Chansonniers, faiseurs d'Odes,

Rauques Corneurs de leurs vers incommodes,
Peintres, Abbés, Brocanteurs, Jettoniers,
D'un vil Caffé superbes Cazaniers,
Où tous les jours, contre Rome & la Grèce,
De mal disans se tient Bureau d'adresse,
Direz alors, en voyant tel Gibier:
Ceci paroît Citoyens du Bourbier.
De ces Grimauds la croupissante race,
En cettui lac, incessamment croasse
Contre tous ceux qui, d'un vol assuré,
Sont parvenus au haut du Mont Sacré.
En ce seul point cettui Peuple s'accorde,
Et va cherchant la fange la plus orde,
Pour en noircir les Menins d'Hélicon,
Et polluer le Thrône d'Apollon;
C'est vainement : car cet impur nuage,
Que contre Homere, en son aveugle rage,
La Gent moderne assemblait avec art,
A retombé sur le Poëte *Houdart;*
Houdart Ami de la Troupe Aquatique,
Et de leurs Vers Approbateur unique,
Comme est aussi le tiers-Etat Auteur,
Dudit *Houdart* unique Admirateur;
Houdart enfin, qui, dans un coin du Pinde,
Loin du sommet où *Pindare* se guinde,

Non loin du lac est assis, ce dit-on,
Tout au-dessus de l'Abbé *Térasson.*

VERS

A MADAME DU C***,

En lui dédiant la Philosophie de Newton.

BELLE Émilie, acceptez de ma main
Ce dernier fruit de ma Littérature;
Ce jeune enfant, conçu dans votre sein;
De nos amours est la vive peinture.
Je vous dois tout, aimable créature:
Mieux que Newton vous faites ma splendeur;
Vous dont l'esprit, la beauté, la droiture,
La modestie & la chaste pudeur,
M'ont, au défaut de sens & de lecture,
Communiqué leur attractive odeur,
Et qui, m'ayant dévoilé la Nature,
M'en avez fait sonder la profondeur.

VERS

*Pour mettre au bas du Portrait de Madame la Marquise du Ch***.*

C'EST ainsi que la Vérité,
Pour mieux établir sa puissance,
A pris les traits de la Beauté,
Et les graces de l'Eloquence.

VERS

A la même, qui venait de chanter le Rôle d'Issé.

CHARMANTE Issé, vous nous faites entendre,
Dans ces beaux lieux, les sons les plus flatteurs;
Ils vont droit à nos cœurs.
Leibnitz n'a point de monade si tendre,
Newton n'a point d'** plus enchanteurs:
A vos attraits on les eût vû se rendre;
Vous tourneriez la tête à nos Docteurs.
Bernouilli dans vos bras,
Calculant vos appas,
Briserait son compas.

ÉTRENNES
A LA MÊME.

UNE Etrenne frivole à la docte Uranie,
Peut-on la présenter ? Oh ! très-bien, j'en réponds.
Tout lui plaît, tout convient à son vaste génie,
Les Livres, les Bijoux, les Compas, les Pompons,
Les Vers, les Diamans, les Biribis, l'Optique,
L'Algebre, les Soupers, le Latin, les Jupons,
L'Opera, les Procès, le Bal & la Physique.

ÉLOGE HISTORIQUE
DE MADAME
LA
MARQUISE DU CHATELET,
Pour être mis à la tête de sa Traduction de NEWTON.

CETTE traduction que les plus sçavans hommes de France devaient faire, & que les autres doivent étudier, une Dame l'a entreprise & achevée, à l'étonnement & à la gloire de son pays. Gabrielle-Emilie de Breteuil, épouse du Marquis du Châtelet-Lomont, Lieutenant-Général des armées du Roi, est l'Auteur de cette traduction, devenue nécessaire à tous ceux qui voudront acquérir ces profondes connaissances, dont le monde est redevable au grand Newton.

C'eût été beaucoup pour une femme de sçavoir la Géométrie ordinaire, les femmes n'ayant pas même une introduction aux vérités sublimes, enseignées dans cet ouvrage immortel; on sent assez qu'il fallait que Madame la Marquise du Châtelet fût entrée bien avant dans la carriere que Newton avait ouverte, & qu'elle possedât ce que ce grand homme avait enseigné. On a vu deux prodiges; l'un que Newton ait fait cet ouvrage, l'autre qu'une Dame l'ait traduit & l'ait éclairci.

Ce n'était pas son coup d'essai; elle avait auparavant donné au Public une explication de la Philosophie de Leibnits, sous le titre d'*Institutions de Physique*, adressée à son fils, auquel elle avait enseigné elle-même la Géométrie.

Le Discours préliminaire qui est à la

tête de ces *Institutions*, est un chef-d'œuvre de raison & d'éloquence ; elle a répandu dans le reste du Livre une méthode & une clarté que Leibnits n'eut jamais, & dont ses idées ont besoin, soit qu'on veuille seulement les entendre, soit qu'on veuille les réfuter.

Après avoir rendu les imaginations de Leibnits intelligibles, son esprit qui avait acquis encore de la force & de la maturité, par ce travail même, comprit que cette métaphysique si hardie, mais si peu fondée, ne méritait pas ses recherches : son ame était faite pour le sublime, mais pour le vrai. Elle sentit que les monades & l'harmonie préétablie devaient être mises avec les trois Elémens de *Descartes*, & que des Systêmes qui n'étaient qu'ingénieux, n'étaient pas dignes de l'occuper. Ainsi, après avoir eu le courage d'embellir Leibnits, elle eut celui de l'abandonner : courage bien rare dans quiconque a embrassé une opinion, mais qui ne coûte gueres d'effort à une ame passionnée pour la vérité.

Défaite de tout esprit de Systême, elle prit pour sa regle celle de la Société Royale de Londres, *nullius in verba*, & c'est parce que la bonté de son esprit l'avait rendue ennemie des Partis & des Syſtêmes, qu'elle ſe donna toute entiere à Newton. En effet Newton ne fit jamais de Syſtême, ne ſuppoſa jamais rien, n'enſeigna aucune vérité qui ne fût fondée ſur la plus ſublime Géométrie ou ſur des expériences inconteſtables. Les conjectures qu'il a haſardées à la fin de ſon Livre, ſous le nom de *Recherches*, ne ſont que des doutes; il ne les donne que pour tels, & il ſerait preſque impoſſible que celui qui n'avait jamais affirmé que des vérités évidentes, n'eût pas douté de tout le reſte.

Tout ce qui eſt donné ici pour principe eſt en effet digne de ce nom; ce ſont les premiers reſſorts de la Nature, inconnus avant lui, & il n'eſt plus permis de prétendre à être Phyſicien ſans les connaître.

Il faut donc bien ſe garder d'enviſager ce Livre comme un Syſtême, c'eſt-à-dire, comme un amas de probabilités qui peuvent ſervir à expliquer bien ou mal quelques effets de la Nature.

S'il y avait encore quelqu'un aſſez abſurde pour ſoutenir la matiere ſubtile & la matiere cannelée, pour dire que la terre eſt un ſoleil encroûté, que la lune a été entraînée dans le tourbillon de la terre, que la matiere ſubtile fait la peſanteur, pour ſoutenir toutes ces autres opinions Romaneſques, ſubſtituées à l'ignorance des Anciens, on dirait: cet homme eſt Cartéſien; s'il croyait aux monades, on dirait: il eſt Leibnitien: mais on ne dira pas de celui qui ſçait les Elémens d'Euclide, qu'il eſt Euclidien; ni de celui qui ſçait après Galilée en quelle proportion les corps tombent, qu'il eſt Galiléiſte: auſſi en Angleterre ceux qui ont appris le calcul infinitéſimal, qui ont fait les expériences de la lumiere, qui ont appris les Loix de la gravitation, ne ſont point appellés Newtoniens; c'eſt le privilége de l'erreur de donner ſon nom à une Secte. Si Platon avait trouvé des vérités, il n'y aurait point eu de Platoniciens, & tous les hommes auraient appris peu à peu ce que Platon aurait enſeigné; mais parce que, dans l'ignorance qui couvre la terre, les uns s'attachaient à une erreur, les autres à une autre, on combattait ſous différens étendards: il y avait des Péripathéticiens, des Platoniciens, des Epicuriens, des Zénoniſtes, en attendant qu'il y eût des Sages.

Si on appellait encore en France Newtoniens les Philoſophes qui ont joint leurs connaiſſances à celles dont Newton a gratifié le genre humain, ce n'eſt que par un reſte d'ignorance & de préjugé. Ceux qui ſçavent peu & ceux qui ſçavent mal, ce qui compoſe une multitude prodigieuſe, s'imaginerent que Newton n'avait fait autre choſe que combattre Deſcartes, à peu près comme avait fait Gaſſendi. Ils entendirent parler de ſes découvertes, & ils les prirent pour un Syſtême nouveau : c'eſt ainſi que quand Hervée eut rendu palpable la circulation du ſang, on s'éleva contre lui ; on appella Hervéïſtes & Circulateurs ceux qui oſaient embraſſer la vérité nouvelle, que le Public ne prenait que pour une opinion. Il le faut avouer, toutes les découvertes nous ſont venues d'ailleurs, & toutes ont été combattues. Il n'y a pas juſqu'aux expériences que Newton avait faites ſur la lumiere qui n'ayent eſſuyé parmi nous de violentes contradictions. Il n'eſt pas ſurprenant, après cela, que la gravitation univerſelle de la matiere ayant été démontrée, ait été auſſi combattue.

Les ſublimes vérités que nous devons à Newton, ne ſe ſont pleinement établies en France qu'après une génération entiere de ceux qui avaient vieilli dans les erreurs de Descartes. Car toute vérité, comme tout mérite, a ses contemporains pour ennemis.

Turpe putaverunt parere minoribus, & quæ
Imberbes didicêre, senes perdenda fateri.

Madame du Châtelet a rendu un double service à la postérité, en traduisant le Livre des *Principes* & en l'enrichissant d'un Commentaire. Il est vrai que la langue Latine dans laquelle il est écrit, est entendue de tous les Sçavans; mais il en coûte toujours quelques fatigues à lire des choses abstraites dans une langue Etrangere. D'ailleurs le Latin n'a pas de termes pour exprimer les vérités Mathématiques & Physiques qui manquaient aux Anciens.

Il a fallu que les Modernes créassent des mots nouveaux pour rendre ces nouvelles idées; c'est un grand inconvénient dans les Livres de Sciences, & il faut avouer que ce n'est plus gueres la peine d'écrire ces Livres dans une langue morte, à laquelle il faut toujours ajouter des expressions inconnues à l'Antiquité, & qui peuvent causer de l'embarras. Le

Français, qui est la langue courante de l'Europe, & qui s'est enrichi de toutes ces expressions nouvelles & nécessaires, est beaucoup plus propre que le Latin à répandre dans le monde toutes ces connaissances nouvelles.

A l'égard du Commentaire Algébrique, c'est un ouvrage au-dessus de la traduction. Madame du Châtelet y travailla sur les idées de M. Clairaut : elle fit tous les calculs elle-même, & quand elle avait achevé un Chapitre, M. Clairaut l'examinait & le corrigeait. Ce n'est pas tout, il peut dans un travail si pénible échapper quelque méprise : il est très-aisé de substituer en écrivant un signe à un autre. M. Clairaut faisait encore revoir par un tiers les calculs, quand ils étaient mis au net ; de sorte qu'il est moralement impossible qu'il se soit glissé dans cet ouvrage une erreur d'inattention, & ce qui le serait du moins autant, c'est qu'un ouvrage où M. Clairaut a mis la main ne fût pas excellent en son genre.

Autant qu'on doit s'étonner qu'une femme ait été capable d'une entreprise qui demandait de si grandes lumieres & un travail si obstiné, autant doit-on déplorer sa perte prématurée : elle n'avait pas encore entierement terminé le Commentaire, lorsqu'elle prévit que la mort allait l'enlever. Elle était jalouse de sa gloire, & n'avait point cet orgueil de la fausse modestie, qui consiste à paraître mépriser ce qu'on souhaite, & à vouloir paraître supérieur à cette gloire véritable, la seule récompense de ceux qui servent le Public, la seule digne des grandes ames, qu'il est beau de rechercher, & qu'on n'affecte de dédaigner, que quand on est incapable d'y atteindre.

C'est ce soin qu'elle avait de sa réputation, qui la détermina quelques jours avant sa mort à déposer à la Bibliothéque du Roi son Livre tout écrit de sa main.

Elle joignit à ce goût pour la gloire, une simplicité qui ne l'accompagne pas toujours, mais qui est souvent le fruit des études sérieuses. Jamais femme ne fut si sçavante qu'elle, & jamais personne ne mérita moins qu'on dît d'elle: *c'est une femme sçavante*. Elle ne parlait jamais de science qu'à ceux avec qui elle croyait pouvoir s'instruire, & jamais n'en parla pour se faire remarquer. On ne la vit point rassembler de ces cercles où il se fait une guerre d'esprit, où l'on établit une espece de Tribunal, où l'on juge ſon ſiécle, par lequel, en recompenſe, on eſt jugé très-ſéverement. Elle vécut long-tems dans les Sociétés où l'on ignorait ce qu'elle était, & elle ne prenait pas garde à cette ignorance.

Les Dames qui jouaient avec elle chez la Reine, étaient bien loin de ſe douter qu'elles fuſſent à côté du Commentateur de Newton: on la prenait pour une perſonne ordinaire; ſeulement on s'étonnait quelquefois de la rapidité & de la juſteſſe avec laquelle on la voyait faire les comptes & terminer les différends: dès qu'il y avait quelque combinaiſon à faire, la Philoſophe ne pouvait plus ſe cacher. Je l'ai vu un jour diviſer juſqu'à neuf chiffres par neuf autres chiffres, de tête & ſans aucun ſecours, en préſence d'un Géométre étonné, qui ne pouvait la ſuivre.

Née avec une éloquence ſinguliere, cette éloquence ne ſe déployait que quand elle avait des objets dignes d'elle; ces Lettres où il ne s'agit que de montrer de l'eſprit, ces petites fineſſes, ces tours délicats que l'on donne à des penſées ordinaires, n'entraient pas dans l'immenſité de ſes talens. Le mot propre, la préciſion, la juſteſſe & la force étaient le caractere de son éloquence. Elle eût plutôt écrit comme Paschal & Nicole, que comme Madame de Sévigné. Mais cette fermeté sévere, & cette trempe vigoureuse de son esprit, ne la rendait pas inaccessible aux beautés de sentiment. Les charmes de la poësie & de l'éloquence la pénétraient, & jamais oreille ne fut plus sensible à l'harmonie. Elle sçavait par cœur les meilleurs vers, & ne pouvait souffrir les médiocres. C'était un avantage qu'elle eut sur Newton d'unir à la profondeur de la Philosophie, le goût le plus vif & le plus délicat pour les Belles-Lettres. On ne peut que plaindre un Philosophe réduit à la sécheresse des vérités, & pour qui les beautés de l'imagination & du sentiment sont perdues.

Dès sa tendre jeunesse elle avait nourri son esprit de la lecture des bons Auteurs en plus d'une langue. Elle avait commencé une traduction de l'Enéide, dont j'ai vu plusieurs morceaux remplis de l'ame de son Auteur : elle apprit depuis l'Italien & l'Anglais. Le Tasse & Milton lui étaient familiers comme Virgile. Elle fit moins de progrès dans l'Espagnol, parce qu'on lui dit qu'il n'y a gueres dans

cette

cette langue qu'un Livre célébre, & que ce Livre eſt frivole.

L'étude de ſa langue fut une de ſes principales occupations. Il y a d'elle des remarques manuſcrites, dans leſquelles on découvre, au milieu de l'incertitude & de la biſarrerie de la Grammaire, cet eſprit philoſophique qui doit dominer par-tout & qui eſt le fil de tous les labyrinthes.

Parmi tant de travaux que le Sçavant le plus laborieux eut à peine entrepris, qui croirait qu'elle trouva du tems, non ſeulement pour remplir tous les devoirs de la Société, mais pour en rechercher avec avidité tous les amuſemens? Elle ſe livrait au plus grand monde comme à l'étude. Tout ce qui occupe la Société était de ſon reſſort, hors la médiſance. Jamais on ne l'entendit relever un ridicule : elle n'avait ni le tems ni la volonté de s'en appercevoir, & quand on lui diſait que quelques perſonnes ne lui avaient pas rendu juſtice, elle répondait qu'elle voulait l'ignorer. On lui montra un jour je ne ſçais quelle miſérable brochure, dans laquelle un Auteur, qui n'était pas à portée de la connaître, avait oſé mal parler d'elle : elle dit que ſi l'Auteur avait perdu ſon tems à écrire ces inutilités, elle ne voulait pas perdre le ſien à les lire ; & le lendemain ayant ſçu qu'on avait renfermé l'Auteur de ce libelle, elle écrivit en ſa faveur ſans qu'il l'ait jamais ſçu.

Elle fut regrettée à la Cour de France autant qu'on peut l'être dans un pays, où les intérêts perſonnels font ſi aiſément oublier tout le reſte. Sa mémoire a été précieuſe à tous ceux qui l'ont connue particulierement, & qui ont été à portée de voir l'étendue de ſon eſprit & la grandeur de ſon ame.

Il eût été heureux pour ſes amis qu'elle n'eût pas entrepris cet ouvrage, dont les Sçavans vont jouir. On peut dire d'elle en déplorant ſa deſtinée : *Periit arte ſuâ.*

Elle ſe crut frappée à mort long-tems avant le coup qui nous l'a enlevée : dès-lors elle ne ſongea plus qu'à employer le peu de tems qu'elle prévoyait lui reſter à finir ce qu'elle avait entrepris, & à dérober à la mort ce qu'elle regardait comme la plus belle partie d'elle-même. L'ardeur & l'opiniâtreté du travail, des veilles continuelles dans un tems où le repos l'aurait ſauvée, amenerent enfin cette mort qu'elle avait prévûe. Elle ſentit ſa ſin approcher, & par un mélange ſingulier de ſentimens, qui ſemblaient ſe combattre, on la vit regretter la vie, & regarder la mort avec intrépidité. La douleur d'une ſéparation éternelle affligeait ſenſiblement ſon ame; & la philoſophie dont cette ame était remplie lui laiſſait tout ſon courage. Un homme qui s'arrache triſtement à ſa famille déſolée, & qui fait tranquillement les préparatifs d'un long voyage, n'eſt que le faible portrait de ſa douleur & de ſa fermeté; de ſorte que ceux qui furent ſes témoins de ſes derniers momens, ſentaient doublement ſa perte par leur propre affliction & par ſes regrets, & admiraient en même tems la force de ſon eſprit, qui mêlait à des regrets ſi touchans une conſtance ſi inébranlable.

Elle eſt morte au Palais de Luneville le 10 Août 1749 à l'âge de quarante-trois ans & demi.

VERS

Sur la Mort de Madame du CHATELET.

L'UNIVERS a perdu la sublime EMILIE:
Elle aima les Plaisirs, les Arts, la Vérité:
Les Dieux en lui donnant leur ame & leur
génie,
Ne s'étaient réservé que l'immortalité.

SUR LE MÊME SUJET.

UN sommeil éternel a donc fermé ces yeux
Où brillaient la vertu, l'amour & le génie:
La vérité, l'honneur, la foi, la modestie,
N'ont pû changer du Sort l'arrêt impérieux:
Tu meurs, immortelle EMILIE,
Ou plutôt ta belle ame, en volant vers les
Dieux,
A son principe est réunie.
Avec toi, la Pudeur, de la Terre bannie,
Rentre pour jamais dans les Cieux.
Tu meurs, & je survis à ton heure fatale,
Je vois encor ce Ciel dont tu ne jouis plus.
Hélas! où l'amitié, les talens, la vertu,

Pourront-ils trouver ton égale ?
Qui me rendra ces jours passés dans la douceur
D'une confiance tranquille,
Où mon ame, à tes goûts docile,
N'avait pour loi que ton humeur ;
Où loin des propos de la Ville,
Et du vain faste de la Cour,
Sans soins, sans brigues, sans détour,
L'*Arioste* & *Newton* dans un loisir utile,
Remplaçaient, à Cyrei (1), la Jeunesse & l'Amour ?
Dans les bras de la Paix, au sein de la Sagesse,
Oubliant Versaille & Paris,
Les flatteurs & les beaux-esprits,
L'orgueil des Grands & leur bassesse,
Nous étions seuls heureux, du moins dans nos écrits.
Pardonne, ombre chere & sacrée,
Si de son bonheur enivrée,
Mon ame quelquefois secoua ses liens,
Par tes transports, vainqueurs des miens ;
Tu vis ma chaîne resserrée.
Si sur nos plus beaux jours, tissus par le Bonheur,
Le Caprice a versé l'amertume & l'aigreur,

(1) Terre de Madame la Marquise du Châtelet.

Du moins après ta mort, tu feras adorée.
Vois des Arts la Troupe éplorée
Te fuivre en deuil jufqu'au tombeau;
Vois l'Hymen & l'Amour éteindre leur flambeau;
Vois le cœur même de l'Envie
S'ouvrir enfin à la pitié;
Vois ton cercueil baigné des pleurs de l'Amitié;
Vois ton époux errant & déteftant la vie,
Redemander aux Dieux fa fidelle moitié.
Admife à la célefte Troupe,
A la table des Dieux, où tu bois dans la coupe
Et de Minerve & d'Apollon,
Si ton cœur eft fenfible à l'éclat d'un grand nom,
Si mes vœux jufqu'à toi peuvent fe faire entendre,
Que tu dois t'applaudir d'une amitié fi tendre!
Je veux que l'Avenir, dans mes vers t'admirant,
Te confonde avec Uranie;
Et fi quelque Cenfeur impie
Rit du culte immortel que ma Mufe te rend,
Pour confondre la calomnie,
J'aurai *Saint Lambert* pour garant.

APOTHÉOSE DE Mlle LE COUVREUR.

QUEL contraste frappe mes yeux!
Melpomene ici désolée
Eléve, avec l'aveu des Dieux,
Un magnifique Mausolée.
Ah! si la Superstition,
Distinguant jusqu'à la poussiere,
Fait un point de religion,
D'en couvrir une ombre légere,
Ombre illustre, console-toi:
En tous lieux la terre est égale;
Et lorsque la Parque fatale
Nous fait subir sa triste loi,
Peu nous importe où notre cendre
Doive reposer pour attendre
Ce tems où tous les préjugés
Seront à la fin abrogés.

Ces lieux cessent d'être profanes
En contenant d'illustres mânes:
Ton tombeau sera respecté;
S'il n'est pas souvent fréquenté

Par les Diseurs de patenôtres,
Sans doute il le sera par d'autres,
Dont l'hommage plus naturel
Rendra ton mérite immortel.
Au lieu d'ennuyeuses Matines,
Les Graces, en habit de deuil,
Chanteront des Hymnes divines
Tous les matins sur ton cercueil.
Sophocle, *Corneille*, *Racine*
Sans cesse y répandront des fleurs,
Tandis que *Jocaste* ou *Pauline*
Verseront des torrens de pleurs.
Enfin pour ton apothéose
On doit te faire une Ode en prose.
Le chef-d'œuvre d'un bel esprit
Vaudra bien du moins un obit.
Méprise donc cette injustice,
Qui fait refuser à ton corps
Ce que par un plus grand caprice
Obtiendra . . . .
Cette ombre impie & criminelle,
La honte du beau nom Français,
Quelque jour dans une Chapelle
Brillera sous l'appui des loix.
Ainsi, par un destin bisarre,
Ce Ministre dur & barbare

Doit reposer avec splendeur;
Tandis qu'avec ignominie,
A l'Emule de *Cornelie*
On refuse le même honneur.

SCENE
DE LA
TRAGÉDIE D'ARTÉMIRE.

ACTEURS.

CASSANDRE, *Roi de Macédoine.*
ARTÉMIRE, *Reine de Macédoine.*
PALLANTE, *Favori du Roi.*
PHILOTAS, *Prince.*
MÉNAS, *Parent & Confident de Pallante.*
HIPPARQUE, *Ministre de Cassandre.*
CÉPHISE, *Confidente d'Artémire.*

La Reine faussement accusée d'adultere par Pallante, se justifie auprès du Roi son mari.

ARTÉMIRE, CASSANDRE, CÉPHISE.

ARTÉMIRE.

OU suis-je? où vais-je? ô Dieux! je me meurs, je le voi.

CÉPHISE.

Avançons.

ARTÉMIRE.

Ciel !

CASSANDRE.

Eh ! bien, que voulez-vous de moi !

CÉPHISE, *à part.*

Dieux puissans, protégez une Reine innocente.

ARTÉMIRE.

Vous me voyez, Seigneur, interdite & mourante ;
Je n'ose jusqu'à vous lever un œil tremblant,
Et ma timide voix expire en vous parlant.

CASSANDRE.

Levez-vous, & quittez ces indignes allarmes.

ARTÉMIRE.

Hélas ! je ne viens point par d'impuissantes larmes,
Craignant votre justice & fuyant le trépas,
Mendier un pardon que je n'obtiendrais pas ;
La mort à mes regards s'est déjà présentée.
Tranquille & sans regret, je l'aurais acceptée :

Faut-il que votre haine ardente à me sauver,
Pour un sort plus affreux m'ait voulu réserver?
N'était-ce pas assez de me joindre à mon pere?
Au-delà de la mort étend-on sa colere?
Ecoutez-moi du moins, & souffrez à vos pieds
Ce malheureux objet de tant d'inimitiés.
Seigneur, au nom des Dieux, que le parjure offense,
Par le Ciel qui m'entend, qui sçait mon innocence,
Par votre gloire enfin que j'ose conjurer,
Donnez-moi le trépas, sans me deshonorer.

CASSANDRE.

N'en accusez que vous, quand je vous rends justice,
La honte est dans le crime & non dans le supplice.
Levez-vous, & quittez un entretien fâcheux,
Qui redouble ma honte, & nous pese à tous deux.
Voilà donc le secret dont vous vouliez m'instruire?

ARTÉMIRE.

Eh! que me servira, Seigneur, de vous le dire?
J'ignore, en vous parlant, si la main qui me perd,

Dans ce projet affreux, vous trahit ou vous sert :
J'ignore si vous-même, en poursuivant ma vie,
N'avez point de Pallante armé la calomnie.
Hélas ! après deux ans de haine & de malheurs,
Souffrez quelques soupçons, qu'excusent vos rigueurs.
Mon cœur, même en secret, refuse de les croire :
Vous me deshonorez, & j'aime votre gloire ;
Je ne confondrai point Pallante & mon époux ;
Je vous respecte encore, en mourant par vos coups ;
Je vous plains d'écouter le monstre qui m'accuse ;
Et quand vous m'opprimez, c'est moi qui vous excuse.
Mais si vous appreniez que Pallante aujourd'hui
M'offrait contre vous-même un criminel appui ;
Que Ménas à mes pieds, craignant votre justice,
D'un heureux scélérat infortuné complice,
Au nom de ce perfide implorait.... Mais, hélas !
Vous détournez les yeux & ne m'écoutez pas.

CASSANDRE.

Non, je n'écoute point vos lâches impostures.
Cessez, n'empruntez point le secours des parjures ;

C'est bien assez pour moi de tous vos attentats
Par de nouveaux forfaits ne les défendez pas :
Aussi-bien c'en est fait, votre perte est certaine ;
Toute plainte est frivole & toute excuse est vaine.

ARTÉMIRE.

Hélas ! voilà mon cœur, il ne craint point vos coups.
Faites couler mon sang, barbare, il est à vous.
Mais l'hymen dont le nœud nous unit l'un à l'autre,
Tout malheureux qu'il est, joint mon honneur au vôtre
Pourquoi d'un tel affront voulez-vous vous couvrir ?
Laissez-moi chez les morts descendre sans rougir.
Croyez que pour Ménas une flamme adultere....

CASSANDRE.

Si Ménas m'a trahi, Ménas a dû vous plaire ;
Votre cœur m'est connu mieux que vous ne pensez :
Ce n'est pas d'aujourd'hui que vous me haïssez.

ARTÉMIRE.

Eh ! bien, connaissez donc mon ame toute entiere.

Ne cherchez point ailleurs une triste lumiere;
De tous mes attentats je vais vous informer.
Oui, Cassandre; il est vrai, je n'ai pû vous aimer.
Je vous le dis sans feinte, & cet aveu sincere
Doit peu vous étonner & doit peu vous déplaire.
Et quel droit en effet aviez-vous sur mon cœur,
Qui ne voyait en vous que son persécuteur?
Vous qui, de tous les miens ennemi sanguinaire,
Avez, jusqu'en mes bras, assassiné mon pere;
Vous, que je n'ai jamais abordé sans effroi;
Vous, dont j'ai vû le bras toujours levé sur moi;
Vous, tyran soupçonneux, dont l'affreuse injustice
M'a conduite au trépas de supplice en supplice;
Je n'ai jamais de vous reçu d'autres bienfaits:
Vous le sçavez, Cassandre: apprenez mes forfaits.
Avant qu'un nœud fatal à vos loix m'eût soumise,
Pour un autre que vous mon ame était éprise;
J'étouffai dans vos bras un amour trop puissant;
Je le combats encore, & même en ce moment:
Ne vous en flattez point, ce n'est pas pour vous plaire;

Vous êtes mon époux, votre gloire m'est chere :
Mon devoir me suffit, & ce cœur innocent
Vous a gardé sa foi, même en vous haïssant.
J'ai fait plus : ce matin, à la mort condamnée,
J'ai pû briser les nœuds d'un funeste hyménée ;
Je tenais dans mes mains l'Empire & votre sort :
Si j'avais dit un mot, on vous donnait la mort.
Vos Peuples indignés allaient me reconnaître ;
Tout m'en sollicitait, je l'aurais dû peut-être :
Du moins par votre exemple instruite aux attentats,
J'ai pû rompre des loix que vous ne gardez pas.
J'ai voulu cependant respecter votre vie ;
Je n'ai considéré ni votre barbarie,
Ni mes périls présens, ni mes malheurs passés ;
J'ai sauvé mon époux : vous vivez ; c'est assez.
Le tems qui perce enfin la nuit la plus obscure,
Peut-être éclairera cette triste aventure ;
Et vos yeux recevant une triste clarté,
Verront trop tard au jour luire la vérité ;
Vous connaîtrez alors tous les maux que vous faites,
Et vous en frémirez, tout tyran que vous êtes.

AUTRE FRAGMENT

DE LA MÊME TRAGÉDIE.

(C'est un scélérat qui parle.)

Voila quelle est souvent la vertu d'une femme :
L'honneur, peint dans ses yeux, semble être dans son ame :
Mais de ce faux honneur, les dehors fastueux
Ne servent qu'à cacher la honte de ses feux.
A son Amant chéri prodiguant sa tendresse,
Ses yeux n'ont pour attrait qu'une austere rudesse ;
Et l'Amant rebuté prend souvent pour vertu ;
Les fiers dédains d'un cœur qu'un autre a corrompu.

VERS
A M. SENAC DE MEILHAN.

ELEVE du jeune Apollon,
Et non pas de ce vieux Voltaire,
Eleve heureux de la raiſon,
Et d'un Dieu plus charmant qui t'inſtruiſit à plaire,
J'ai lû tes vers brillans & ceux de ta Bergere,
Ouvrages de l'eſprit embellis par l'Amour;
J'ai cru voir la belle Glycere
Qui chantait Horace à ſon tour.
Que ſon eſprit me plaît! que ſa beauté te touche:
Elle a tout mon ſuffrage, elle a tous tes déſirs;
Elle a chanté pour toi: je vois que ſur ſa bouche
Tu dois trouver tous les plaiſirs.

Je réponds bien mal, Monſieur, aux choſes charmantes que vous m'envoyez; mais à mon âge on a la voix un peu rauque.

Lupi Mœrim vidêre priores, vox quoque Mœrim deficit.

PIECES FUGITIVES.

ÉPITRE A M. ALGAROTI.

LORSQUE ce grand Courier de la Philosophie,
Condamine l'Observateur,
De l'Afrique au Pérou conduit par URANIE,
Par la gloire & par la manie,
S'en va griller sous l'Equateur,
Maupertuis & *Clairaut*, dans leur docte fureur,
Vont geler au Pôle du Monde.
Je les vois d'un degré mesurer la longueur,
Pour ôter au Peuple Rimeur
Ce beau nom de *Machine ronde*,
Que nos flasques Auteurs, en chevillant leurs vers,
Donnaient à l'aventure à ce plat Univers.

Les Astres étonnés dans leur oblique course ;
Le grand, le petit Chien, & le Cheval, & l'Ourse,
Se disent l'un à l'autre, en langage des Cieux :
Certes ces gens sont foux, ou ces gens sont des Dieux.

Et vous, *Algaroti*, vous, Cygne de Padoue ;
Eleve harmonieux du Cygne de Mantoue,
Vous allez donc aussi sous le Ciel des frimats,
Porter, en grelotant, la lyre & le compas,
Et sur des monts glacés traçant des paralleles,
Faire entendre aux Lapons vos chansons immortelles.
Allez donc, & du Pôle observé, mesuré,
Revenez aux Français rapporter des nouvelles.
Cependant je vous attendrai,
Tranquille admirateur de votre Astronomie,
Sous mon méridien, dans les champs de Cirey,
N'observant désormais que l'Astre d'Emilie :
Echauffé par le feu de son puissant génie,
Et par sa lumiere éclairé,
Sur la lyre je chanterai
Son ame universelle autant qu'elle est unique ;
Et j'atteste les Cieux, mesurés par vos mains,
Que j'abandonnerais pour ses charmes divins
L'Equateur & le Pôle Arctique.

ÉPITRE

A M. LE MARÉCHAL DE R***,

Dans l'Isle de Minorque.

DEPUIS plus de quarante années,
Vous avez été mon Héros;
J'ai présagé vos destinées.
Ainsi qu'Achille, dans Scyros,
Paraissait se livrer en proye
Aux Jeux, aux Amours, au repos;
Et devait un jour sur les flots
Porter la flamme devant Troye:
Ainsi, quand Phryné dans ses bras
Tenait le jeune Alcibiade,
Phryné ne le possédait pas;
Et son nom fut dans les combats
Egal au nom de Miltiade:
Jadis les Amans, les Epoux,
Tremblaient en vous voyant paraître;
Près des Belles & près du Maître
Vous avez fait plus d'un jaloux;
Enfin, c'est aux Héros à l'être.

C'est rarement que dans Paris,
Parmi les festins & les ris,

On démêle un grand caractere ;
Le préjugé ne conçoit pas
Que celui qui sçait l'art de plaire
Sçache aussi sauver les Etats.
Le grand homme échappe au Vulgaire :
Mais lorsqu'aux champs de Fontenoi
Il sert sa Patrie & son Roi,
Quand sa main, des Peuples de Genes,
Défend les jours & rompt les chaînes ;
Lorsqu'aussi prompt que les éclairs,
Il chasse les Tyrans des mers
Des murs de Minorque opprimée ;
Alors ceux qui l'ont reconnu
En parlent comme son Armée :
Chacun dit : *Je l'avais prévu.*
Les succès font la renommée.

Homme aimable, illustre Guerrier,
En tout tems l'honneur de la France,
Triomphez de l'Anglais altier,
De l'Envie & de l'Ignorance.
Je ne sçais si dans Port-Mahon
Vous trouverez un Statuaire ;
Mais vous n'en avez plus à faire
Vous avez gravé votre nom
Sur les débris de l'Angleterre :

Il sera béni chez l'Ibere,
Et chéri dans ma Nation.

De deux *Richelieu* sur la Terre
Les exploits seront admirés;
Déjà tous deux sont comparés,
Et l'on ne sçait quel on préfere.
Le Cardinal affermissait,
Et partageait le rang suprême
D'un Maître qui le chérissait;
Vous vengez un Roi qui vous aime:
Le Cardinal fut plus puissant,
Et même un peu trop redoutable;
Vous me paraissez bien plus grand,
Puisque vous êtes plus aimable.

ÉPITRE

A MONSIEUR DE V***,

En lui envoyant un Poëme sur la Grace.

TOi, qui fais des yeux d'Emilie
Passer dans tes Ecrits les feux & la douceur;
Toi, l'Apollon de ta patrie,
Du goût & du talent juste appréciateur,

Voltaire, en le lisant fait grace àcet ouvrage,
Fruits de quelques momens dérobés à Thémis.
Respectant mon sujet, j'y parle le langage,
Non d'un Docteur subtil, mais d'un Chrétien soumis.
De la Grace, en mes vers, scrutateur téme-raire,
Suivant de la raison le faux jour qui nous luit,
De ce redoutable mystere,
Oserais-je percer la nuit?
Loin d'avoir cette vaine audace,
Sur le voile mystérieux,
Dont l'Eternel voulut envelopper la Grace,
Je ne porterai pas mes regards curieux.
Mais au maître des vers nobles, harmonieux,
Au rival de Milton, de Virgile & d'Homere,
Présenter un Poëme & tenter de lui plaire,
Est-ce être moins audacieux?
Toutefois si je dis le motif qui m'inspire,
Tu cesseras d'être surpris.
Richelieu l'a voulu, ce mot doit te suffire.
Eh! qui sçait mieux que toi combien il a d'em-pire
Sur les cœurs & sur les esprits?
C'est un pouvoir secret que toi seul peux dé-crire.

Chacun

Chacun le retrouve en ce lieu
Tel que ta muse le renomme ;
On l'adore ici comme un Dieu ,
Parce qu'il y vit comme un homme.

RÉPONSE
DE MONSIEUR DE V***.

LORSQUE vous me parlez des graces naturelles
Du Héros votre Commandant ,
Et de la Déïté qu'on adore à Bruxelles,
C'est un langage qu'on entend.
La Grace du Seigneur est bien d'une autre espece :
Moins vous me l'expliquez , plus vous en parlez bien ;
Je l'adore & n'y comprends rien.
L'attendre & l'ignorer, voilà notre sagesse.
Tout docteur, il est vrai , sçait le secret de Dieu ;
Elûs de l'autre Monde , ils sont dignes d'envie :
Mais qui vit auprès d'Emilie ,
Ou bien auprès de Richelieu ,
Est un Elû de cette vie.

ÉPITRE
A M. L'ABBÉ DE ROTHELIN.

DOCTE Abbé, dont l'esprit guidé par la sagesse,
Aux fruits de la Raison joint les fleurs du Permesse,
Souffre que dans ton goût cherchant un sûr appui,
L'amitié, par ces vers, te consulte aujourd'hui.
De la vaste science embrassant l'étendue,
Dans ses riches Etats rien n'échappe à ta vûe;
Philosophe, Critique, ardent ami des Arts,
Promenant en tous lieux tes avides regards,
Tantôt tu te nourris des vérités divines,
Tantôt l'Antiquité, du sein de ses ruines,
Offre à tes yeux perçans, dans ses restes usés,
Quelques faits précieux par le tems déguisés.
Tu portes le flambeau dans ces routes obscures,
Des Sçavans rebutés éternelles tortures.
Quelquefois plus hardi, d'un esprit incertain,
Tu sondes le mystere ou du vuide ou du plein:
Mais bientôt méprisant ce problême frivole,
Qu'enfanta le loisir dans l'ombre de l'école,

A toi-même indulgent, docile à tes desirs,
Dans de plus beaux objets tu cherches tes plaisirs.
Ton cœur s'émeut aux sons du fier Chantre d'Achille;
Il s'amuse du Tasse, il adore Virgile;
Enchanté de Corneille, il aime son rival;
La Fontaine te charme, & son style inégal,
Dans son désordre même imitant la Nature,
Te plaît, malgré la regle, & brave ta censure;
Tu mets dans la balance Horace, Despréaux:
L'un plus aisé, plus vif en ses rians tableaux;
L'autre esclave de l'Art, fidele à l'harmonie,
Au joug de la méthode asservit son génie:
Ainsi donc, tour à tour, passant du grave au doux,
Tu sçais, sans les confondre, allier tous les goûts.
Mais dis-moi quel démon, dans sa bisarre audace,
Souffle dans tous les cœurs le dégoût du Parnasse?
Aujourd'hui sur son Trône Apollon étonné,
De tous ses Courtisans se voit abandonné.
En vain pour repeupler les rives du Permesse,
Il répand les trésors de Rome & de la Gréce;

En vain à nos Français par l'erreur éblouis,
Il peint ces jours heureux, ce siecle de Louis,
Où l'Art, encore enfant, sçut franchir les obstacles,
Et, Géant tout à coup, enfanta des miracles.
Rien ne peut ramener ses sujets révoltés;
Apollon, (disent-ils, par l'orgueil excités)
Cet enchanteur des sens n'est qu'une vaine idole;
Il faut détruire enfin son culte trop frivole;
Il faut à la Raison consacrant nos travaux,
Dompter la vérité par des efforts nouveaux,
Découvrir le secret de ces loix si profondes,
Qui firent la distance & la course des Mondes.

Ainsi la régle en main, & d'Euclide escortés,
Ils cherchent pas à pas d'obscures vérités;
Créateurs, dans l'espace ils forment cent chimeres,
Et dédaignent des sens les objets trop vulgaires:
L'un veut que, par le plein chaque astre resserré,
Puisse écarter les corps dont il est entouré.
Un second, à son tour, fait une autre méthode,
A ces corps trop serrés donne un lieu plus commode,

Dans un vuide infini, le corps mû sans moteur,
Court sans être poussé, pese sans pesanteur.
Être faible & rampant, ta vaine conjecture
Veut embrasser ce cercle où roule la Nature.
Si par égard encor pour les faibles Mortels,
Ils n'osent d'Apollon renverser les autels,
Le faux goût qui les guide au milieu d'un délire,
Du Dieu brillant des sons veut accorder la lyre.

Aujourd'hui le Génie esclave du Compas,
Dans sa course, en tremblant, mesure tous ses pas;
A ses austeres loix cette regle importune,
Asservit tous les Arts, la Chaire, la Tribune.
Cet Art plus libre encor, cet Art charmant des vers,
Languit emprisonné dans des indignes fers.
Oui, Borée, entouré de frimats & de glace,
En un désert aride a changé le Parnasse:
Son Ciel jadis si pur, obscurci de vapeurs,
Empoisonne à la fois les lauriers & les fleurs.
Ce siécle raisonneur, en sa froide manie,
Par de tristes calculs, veut régler l'harmonie,
Proscrit comme un écart un aimable détour,
Et bannit des écrits & la grace & le tour.

Offrir la vérité sous quelque noble image,
C'est, dit-on, la voiler d'un importun nuage :
Sa beauté sans atours a des attraits puissans ;
L'erreur seule a besoin du prestige des sens.
Ainsi par ses discours devenu plus timide,
De Pégase trop vif, Phébus retient la bride.
Un Poëte aujourd'hui toujours de sens rassis,
De l'exacte Raison suit le chemin précis.
Sur sa route un ruisseau coulant dans la prairie,
Offre à ses yeux l'émail d'une rive fleurie.
L'Ombre & l'Amour, cachés sous de jeunes ormeaux,
A calmer leurs ardeurs excitent les oiseaux ;
Iris en rougissant, en ce lieu moins sévere,
Se laisse dérober une faveur légere.
Les Plaisirs sur ces bords amenant le sommeil,
Renaissent plus brillans au retour du Soleil ;
Pour ces riants objets sa muse indifférente,
N'ose se détourner dans sa marche prudente ;
Et dédaignant des sens le langage vainqueur,
Parle toujours raison, jamais ne parle au cœur.
Est-ce ainsi qu'autrefois le sublime Virgile,
Répandant les trésors de sa veine fertile,
Par sa douce éloquence entraînait les esprits ?
La Raison & le Goût d'accord en ses écrits,

Se prêtent tour à tour un fecours favorable.
Son Art aux vérités donne un habit aimable.
S'il veut de la Phyſique étaler les fecrets,
Ses dogmes déguiſés ſous les plus nobles traits,
Par ſes mains adoucis perdent leur air ſauvage,
De figures ſans nombre il orne ſon ouvrage.
Dans les moindres ſujets, humble ſans s'avilir
D'une image élégante il ſçait les ennoblir.
Le tendre Amour gémit dans les vers de Tibulle
Un peu plus libertin, il inſpire Catulle;
Et ſur les pas d'Ovide attirant tous les cœurs,
Il dicte ſes leçons ſur un Trône de fleurs.
En vain ſur le Théâtre étalant ſa morale,
Et du cœur des humains parcourant le Dédale,
Senéque nous inſtruit en ſon ſtyle profond :
Le lecteur languiſſant l'admire & ſe morfond;
Et fuyant un Auteur dont la raiſon le glace,
S'attendrit chez Tibulle & vit avec Horace.

L'homme, quoi que l'on diſe, eſt fait pour le plaiſir.
Entre les vérités il a peine à choiſir:
Paſſant du pour au contre, en vain dans ſa balance,
Il croit pouvoir fixer la tranquille évidence;

Elle échappe sans cesse ; & depuis six mille ans,
Rebute des mortels les vœux les plus pressans.
Mais l'objet des Beaux Arts, d'un abord plus facile,
Promet à nos efforts une moisson fertile ;
Et flattant de nos cœurs les avides desirs,
Au lieu de vérités, il offre des plaisirs.

Abbé, toi dont le goût, dans ta démarche sûre,
Du préjugé subtil démêle l'imposture,
De l'erreur séduisante écarte les brouillards,
Eclaire les esprits, viens au secours des Arts
Que par toi rétabli l'Apollon de la France
Ranime ses concerts, réchauffe l'éloquence
Que d'autres Bossuets, des Racines nouveaux
De ces Auteurs fameux, soient de dignes Rivaux.

*LE PHILOSOPHE,

A MADAME

LA MARQUISE DE T***.

TU m'appelles à toi, vaste & brillant génie,
Minerve de la France, immortelle Emilie,
Disciple de Newton & de la Vérité,
Tu guides mon essor, je vole à ta clarté:
Je renonce aux plaisirs, aux lauriers du Théâtre,
Dont mon esprit trompé fut long-tems idolâtre.
De ces triomphes vains mon cœur n'est plus touché;

. . . .

Le charme tout-puissant de la Philosophie,
Eleve mon esprit au-dessus de l'envie;
Tranquille au haut des Cieux qu'un sage s'est soumis,
J'ignore comme lui si j'ai des ennemis,

* Cette Piece est totalement changée dans les éditions que nous avons de l'Auteur: c'est ici la premiere façon.

Je ne les connais pas. D'une noble carriere
Le sublime Newton vient m'ouvrir la barriere.
Déjà les tourbillons, l'un par l'autre pressés,
Se mouvant sans espace & sans régle entassés,
Ces fantômes sçavans à mes yeux disparaissent;
Tout était confondu, les vérités renaissent.
Newton dit : le cahos est docile à sa voix;
Vers un centre commun tout gravite à la fois,
Tout est en mouvement; la Terre suspendue,
En atôme léger, nage dans l'étendue;
L'espace, ou plutôt Dieu dans son immensité,
Balance sur son poids l'Univers agité;
Graviter, se mouvoir, c'est le ressort du Monde.
La lumiere n'est plus une étude profonde :
Le facile Newton dévoile l'Univers,
Les souterrains, les eaux, les Cieux lui sont ouverts:
Son vigoureux calcul abrége ou diligente
De l'Astre des saisons la course étincelante:
L'émeraude, l'azur, la pourpre & le rubis,
Sont l'immortel tissu de ses riches habits;
Chacun de ses rayons dans sa substance pure,
Porte en soi les couleurs qui parent la Nature;
Tamisés, réfléchis, leurs tons harmonieux,
En peignant les objets, se font entendre aux yeux.

Confidens du Très-Haut, substances éternelles,
Qui brillez des ses feux, qui couvrez de vos aîles
Le Trône où votre Maître est assis parmi vous,
Parlez, du grand Newton n'êtes-vous point jaloux ?

Comettes, que l'on craint à l'égal du tonnerre,
Cessez d'épouvanter les peuples de la Terre,
Dans une ellypse immense achevez votre cours ;
Remontez, descendez près de l'Astre des jours ;
Lancez vos feux, volez, & renaissant sans cesse,
Des Mondes épuisés ranimez la vieillesse ;
Et toi, sœur du Soleil, Astre qui dans les Cieux,
Des sages éblouis as fatigué les yeux,
Les travaux de tes nuits, tes phases sont prédites ;
Newton des premiers mois retraça les orbites.
Terre, change de forme & que ta pesanteur,
Abbaissant tes côtés, souleve l'équateur.
Pôle immobile aux yeux, si pesant dans ta course,
Echappe au char glacé des sept Astres de l'Ourse ;

Que ta lenteur embrasse, en ses longs mouvemens,
Deux cens siecles entiers par-delà six mille ans.
Que ces objets sont beaux ! ah ! qu'une ame épurée,
Goûte les vérités dont elle est éclairée !
C'est dans le sein de Dieu, loin de son corps mortel,
Que l'esprit va puiser ce corps universel.

Vous, à qui ces secrets ont sçu se faire entendre,
Répondez, Emilie : à l'âge le plus tendre,
Comment avez-vous pu dérober ses beaux jours,
Et malgré les plaisirs, suivre l'épineux cours,
Où le hardi Newton franchit la nuit obscure
Du sçavant labyrinthe où se perd la Nature ?
Puissé-je auprès de vous, dans un Temple écarté,
Aux regards des Français montrer la vérité !
Tandis qu'Algaroti, sûr d'instruire & de plaire,
Sur les bords étrangers conduit cette Étrangere,
Le compas à la main, j'en veux tracer les traits,
Sans répandre des fleurs, sans changer ses attraits;

De mes crayons grossiers dessinant l'Immortelle,
Cherchant à l'embellir, je la rendrais moins belle;
Elle est ainsi que vous noble, simple, sans fard,
Au-dessus de l'éloge, au-dessus de mon Art.

VERS,

Sur un Dindon à l'ail.

Un Dindon tout à l'ail, un Seigneur tout à l'ambre,
A souper vous sont destinés:
On doit, quand R*** paraît dans une chambre,
Bien défendre son cœur, & bien boucher son nez.

VERS,

Sur ce que l'Auteur occupait, à Sceaux, la chambre de M. de S. Aulaire, que Madame la Duchesse du Maine appellait son Berger.

J'AI la Chambre de Saint Aulaire
Sans en avoir les agrémens;
Peut-être à quatre-vingt dix ans,
J'aurai le cœur de sa Bergere:
Il faut tout attendre du tems,
Et sur-tout du désir de plaire.

SUR UNE MALADIE

*de Madame de P***.*

LACHÉSIS tournait son fuseau,
Filant avec plaisir les beaux jours d'Isabelle:
J'apperçus Atropos qui, d'une main cruelle,
Voulait couper le fil, & la mettre au tombeau;
J'en avertis l'Amour; mais il veillait pour elle,
Et du mouvement de son aîle,
Il étourdit la Parque, & brisa son ciseau.

A MONSIEUR LINANT.

CONNAISSEZ mieux l'oisiveté ;
Elle est ou folie ou sagesse,
Elle est vertu dans la richesse,
Et vice dans la pauvreté.
On peut jouir en paix, dans l'hyver de la vie,
De ces fruits qu'au printems sema notre industrie :
Le sommeil est permis, mais c'est sur des lauriers.

IMPROMPTU,

Sur la Maison de M. Gendron, occupée autrefois par Despréaux.

C'EST ici le vrai Parnasse
Des vrais Enfans d'Apollon,
Sous le nom de Boileau ces lieux virent Horace,
Esculape y paraît sous celui de Gendron.

MADRIGAL.

On disait que l'Hymen a l'intérêt pour frere,
Qu'il est traître, sans choix, aveugle, mercénaire ;
Ce n'est point-là l'Hymen, on le connaît bien mal.
Ce Dieu des cœurs heureux est chez vous, d'***.
La vertu le conduit, la tendresse l'anime,
Le bonheur sur ses pas est fixé sans retour:
Le véritable Hymen est le fils de l'estime,
Et le frere du tendre amour.

ÉPITRE

*A Messieurs le Comte, le Chevalier, & l'Abbé de S***.*

Trio charmant, que je remarque
Entre ceux qui font mon appui,
Trio, par qui *Laure* (1) aujourd'hui
Revient de la fatale Barque:
Vous qui pensez mieux que *Pétrarque*,

(1) La belle LAURE s'appellait de S***, & était de cette Maison.

Et rimez aussi-bien que lui,
Je ne peux quitter mon étui,
Pour le souper où l'on m'embarque.
Car, la Cousine de la Parque,
La Fievre, au minois catéreux,
A l'air hagard, au cerveau creux,
A la marche vive, inégale,
De mes jours compagne infernale,
M'oblige, pauvre vaporeux,
D'avaler les juleps affreux,
Dont Monsieur *Géoffroi* me régale
Tandis que, d'un gosier heureux,
Vous buvez la liqueur vitale
D'un vin brillant & savoureux.

PORTRAIT DE M. DE LA FAYE.

Il a réuni le mérite,
Et d'*Horace* & de *Pollion*,
Tantôt protégeant APOLLON,
Et tantôt chantant à sa suite.
Il reçut deux présens des Dieux,
Les plus charmans qu'ils puissent faire:
L'un était le talent de plaire;
L'autre, le secret d'être heureux.

MADRIGAL

A M.me LA PRINCESSE **.

SOUVENT un air de vérité
Se mêle au plus grossier mensonge;
Cette nuit, dans l'erreur d'un songe,
Au rang des Rois j'étais monté.
Je vous aimais, Princesse, & j'osais vous le dire :
A mon réveil, les Dieux ne m'ont pas tout ôté :
Je n'ai perdu que mon empire.

MONSIEUR CLAIRAUT,

A M. DE VOLTAIRE.

LAISSE à *Clairaut* tracer la ligne
Du rayon qui frappe tes yeux :
Armé d'un verre audacieux,
Qu'il aille au cercle radieux
Chercher quelque treizieme signe
Qu'il donne son nom glorieux
A la premiere tache insigne,
Qu'il découvrira dans les cieux.

Toi, d'un plus aimable délire
Ecoute les tendres leçons ;
D'une autre muse qui t'inspire
Ne dédaigne point les chansons.
Quitte ce compas, prends ta lyre.
Je donnerais tout *Pemberton*,
Et tous les calculs de *Newton*,
Pour un sentiment de ZAÏRE.

RÉPONSE
DE M. DE VOLTAIRE.

UN certain Chantre abandonnait sa lyre;
Nouveau *Képler*, un télescope en main,
Lorgnant le ciel, il prétendait y lire,
Et décider sur le vuide & le plein.
Un rossignol, du fond d'un bois voisin,
Interrompit son morne & froid délire;
Ses doux accens l'éveillerent soudain:
(A la nature il faut qu'on se soumette;)
Et l'Astronome, entonnant un refrain,
Reprit la lyre, & brisa sa lunette.

VERS
SUR MONSIEUR DE F****.

D'UN nouvel Univers il ouvrit la barriere:
Des infinis sans nombre autour de lui naissans,
Mésurés par ses mains, à son ordre croissans,
A nos yeux étonnés il traça la carriere.

VERS,

Pour mettre au bas du Portrait de M. de MAUPERTUIS.

LE globe mal connu, qu'il a ſçu meſurer,
Devient un monument où ſa gloire ſe fonde :
Son ſort eſt de fixer la figure du monde,
De lui plaire & de l'éclairer.

MADRIGAL.

AH ! *Camargo*, que vous êtes brillante !
Mais que *Sallé*, grands Dieux ! eſt raviſſante !
Que vos pas ſont légers & que les ſiens ſont doux !
Elle eſt inimitable, & vous êtes nouvelle :
Les Nymphes ſautent comme vous,
Et les Grâces danſent comme elle.

A MONSIEUR DE LA P***,

En lui envoyant un exemplaire de SÉMIRAMIS.

MORTEL de l'espéce très-rare
Des solides & beaux esprits,
Je vous offre un tribut qui n'est pas d'un grand prix.
Vous pourriez donner mieux : mais vos charmans Ecrits
Sont le seul de vos biens dont vous soyez avare.

A MADAME
LA COMTESSE DE LA N***,

En lui envoyant l'Epître sur la Calomnie.

PARCOUREZ donc de vos yeux pleins d'attraits,
Ces vers contre la Calomnie :
Ce monstre dangereux ne vous blessa jamais,
Vous êtes cependant sa plus grande ennemie.

Votre esprit sage & mesuré,
Non moins indulgent qu'éclairé,
Excuse, quand il peut médire ;
Et des vices de l'Univers,
Votre vertu, mieux que mes vers,
Fait à tout moment la satyre.

A MADAME DE**.

Vos yeux sont beaux : mais votre ame est plus belle ;
Vous êtes simple & naturelle,
Et sans prétendre à rien, vous triomphez de tous :
Si vous eussiez vécu du tems de *Gabrielle* (1),
Je ne sçais pas ce qu'on eût dit de vous :
Mais on n'aurait point parlé d'elle.

(1) La belle Gabrielle d'Etrées.

SUR LE LOUVRE.

MONUMENS imparfaits de ce siécle vanté,
Qui sur tous les beaux Arts a fondé sa mémoire,
Vous verrai-je toujours, en attestant sa gloire,
Faire un juste reproche à sa postérité?
Faut-il que l'on s'indigne, alors qu'on vous admire,
Et que les Nations qui veulent nous braver,
Fieres de nos défauts, soient en droit de nous dire,
Que nous commençons tout pour ne rien achever?
Sous quels débris honteux, sous quel amas rustique
On laisse ensevelis ces chef-d'œuvres divins!
Quel Barbare a mêlé la bassesse Gothique
A toute la grandeur des Grecs & des Romains?
Louvre, Palais pompeux dont la France s'honore,
Sois digne de ce Roi ton maître & notre appui:
Embellis les climats que sa vertu décore,
Et dans tout ton éclat montre-toi comme lui.

A MADAME DE**,

En lui envoyant la HENRIADE, *&* *l'Histoire de* CHARLES XII.

DEUX Héros différens, l'un superbe & sauvage,
L'autre toujours aimable & toujours amoureux,
A l'immortalité prétendent tous les deux :
Mais pour être immortel, il faut votre suffrage.
Ah! si sous tous les deux vous eussiez vu le jour,
Plus justement leur gloire eût été célébrée,
Henri quatre pour vous aurait quitté d'*Etrée*;
Et Charles douze aurait connu l'amour.

A M. NERICAULT DESTOUCHES.

INVITATION A DINER.

AUTEUR solide, ingénieux,
Qui du Théâtre êtes le maître,
Vous qui fites le *Glorieux*,
Il vous appartiendrait de l'être.
Je le serai, j'en suis tenté,

Si demain ma table s'honore
D'un convive aussi souhaité ;
Mais je sentirai plus encore
De plaisir que de vanité.

VERS

DE M. DE LA CONDAMINE

A M. DE VOLTAIRE,

En lui envoyant son Voyage.

De jours si bien remplis les momens sont trop courts ;
Ne me lisez jamais ; mais écrivez toujours.
C'est à *Voltaire* seul d'écrire ;
A nous, de lire & de relire,
Jour & nuit, sa prose & ses vers.
Tous les momens où repose sa lyre
Sont dûs à FRÉDERIC, le reste à l'Univers.

RÉPONSE
DE M. DE VOLTAIRE.

GRAND merci, cher la *Condamine*,
Du beau présent de l'Equateur,
Et de votre Lettre badine,
Jointe à la profonde doctrine
De votre esprit calculateur.
Eh! bien, vous avez vu l'Afrique,
Constantinople, l'Amérique;
Tous vos pas ont été perdus.
Voulez-vous faire enfin fortune?
Hélas! il ne vous reste plus
Qu'à faire un voyage à la Lune.
On dit qu'on trouve en son pourpris,
Ce qu'on perd aux lieux où nous sommes;
Les services rendus aux hommes
Et les bienfaits à son pays.

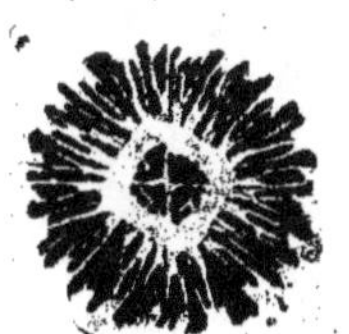

VERS,

Pour mettre au bas du Portrait de M. BERNOUILLI.

SON esprit vit la vérité,
Et son cœur connut la justice :
Il a fait l'honneur de la Suisse,
Et celui de l'Humanité.

VERS,

Pour mettre au bas du Portrait de M. LEIBNITZ.

IL fut dans l'Univers connu par ses ouvrages,
Et dans son pays même il se fit respecter ;
Il instruisit les Rois, il éclaira les Sages ;
Plus sage qu'eux, il sçut douter.

VERS
A MONSIEUR DE LA NOUE,
Auteur de MAHOMET *II.*

MON cher *Lanoue*, illuſtre pere
De l'invincible Mahomet,
Soyez le parrein d'un cadet,
Qui ſans vous n'eſt pas fait pour plaire.
Votre fils fut un conquérant ;
Le mien a l'honneur d'être Apôtre,
Prêtre, filou, dévot, brigand :
Faites-en l'Aumônier du vôtre.

ÉPITRE
AU ROI DE PRUSSE.

Les Fileuses des destinées,
Les Parques ayant mille fois
Entendu les ames damnées,
Parler là-bas de vos exploits,
De vos conquêtes, de vos loix,
Et de tant de belles journées,
Vous crurent le plus vieux des Rois.
Alors des rives du Cocyte,
A Berlin vous rendant visite,
ATROPOS vint avec le Tems,
Croyant trouver des cheveux blancs,
Front ridé, face décrépite,
Et discours de quatre-vingts ans.
Que l'inhumaine fut trompée!
Elle apperçut de blonds cheveux,
Un teint fleuri, de grands yeux bleus,
Et votre flute & votre épée.
Elle songea, pour mon bonheur,
Qu'*Orphée* autrefois, par sa lyre,
Et qu'*Alcide*, par sa valeur,
La braverent dans son empire.

Elle trembla, quand elle vit
Le Monarque qui réunit
Les dons d'*Orphée* & ceux d'*Alcide*:
Doublement elle vous craignit,
Et jettant ſon ciſeau perfide,
Chez ſes ſœurs elle s'en alla,
Et pour vous le Trio fila,
Une trame toute nouvelle,
Brillante, dorée, immortelle,
Et la même que pour LOUIS;
Car vous êtes tous deux amis:
Tous deux vous forcez des murailles;
Tous deux vous gagnez des batailles,
Contre les mêmes ennemis:
Vous regnez ſur des cœurs ſoumis,
L'un à Berlin, l'autre à Verſailles.
Tous deux un jour.... mais je finis.
Il eſt trop aiſé de déplaire,
Quand on parle aux Rois trop long-tems;
Comparer deux Héros vivans,
N'eſt pas une petite affaire.

POUR MADEMOISELLE DE CHAROLOIS,

Peinte en habit de Cordelier.

FRERE Ange de *Charolois*
Dis-moi par quelle aventure
Le cordon de Saint *François*
Sert à Vénus de ceinture?

INSCRIPTION

Mise sur la nouvelle porte de Nevers, élevée en l'honneur de LOUIS *XV.*

(*Du côté de Paris.*)

AU grand homme modeste, au plus doux des vainqueurs,
Au Pere de l'Etat, au Maître de nos cœurs.

(*En dedans de la Ville.*)

A ce grand monument qu'éleva l'abondance,
Reconnaissez Nevers, & jugez de la France.

(*En dedans de la Porte.*)

Dans ces tems fortunés de gloire & de puissance,
Où LOUIS répandant les bienfaits & l'effroi,
Triomphait des Anglais aux champs de Fontenoi
Et faisait avec lui triompher sa clémence,
Tandis que tous les Arts, aimés & soutenus,
Embellissaient l'Etat que sa main sçut défendre;
Tandis qu'il renversait les portes de la Flandre,
Pour fermer à jamais les portes de Janus,
Les peuples de Nevers, dans ces jours de victoire,
Ont voulu signaler leur bonheur & sa gloire.
Etalez à jamais, augustes monumens,
Le zele & la vertu de ceux qui vous fonderent;
Instruisez l'avenir, soyez vainqueurs du tems,
Ainsi que le grand nom, dont leurs mains vous ornerent.

PROLOGUE,

A. S. A. S. Madame la Ducheſſe DU *MAINE, à une repréſentation de la Comédie de la* PRUDE, *le 15 Décembre* 1747.

O VOUS, dans tous les tems, par Minerve inſpirée,
Des plaiſirs de l'eſprit protectrice éclairée ;
Vous avez vu finir ce ſiécle glorieux,
Ce ſiécle des talens accordé par les Dieux.
Vainement on ſe diſſimule,
Qu'on fait pour l'égaler des efforts ſuperflus ;
Daignez favoriſer ce faible crépuſcule,
Du beau jour qui ne brille plus :
Ranimez les accens des filles de Mémoire ;
De la France, à jamais, éclairez les eſprits ;
Et lorſque vos enfans combattent pour ſa gloire,
Soutenez-la dans nos Ecrits.
Vous n'avez point ici de ces pompeux Spectacles,
Où le chant & la danſe étalent leurs miracles :

Daignez-vous abaiſſer à de moindres ſujets ;
L'eſprit aime à changer de plaiſirs & d'objets.
Nous poſſedons bien peu, c'eſt ce peu qu'on
vous donne :
A peine en nos récits vous verrez quelques
traits
D'un Comique oublié, que Paris abandonne.
Puiſſent tant de Beautés, dont les brillans at-
traits
Valent mieux, à mon ſens, que les vers les
mieux faits,
S'amuſer avec vous, d'une *Prude* friponne,
Qu'elles n'imiterent jamais.
On peut bien ſans effronterie,
Aux yeux de la Raiſon, jouer la Pruderie ;
Et puiſque tout défaut à Sceaux eſt combattu ;
Quand on fait devant vous la ſatyre du vice,
C'eſt un nouvel hommage, un nouveau ſacri-
fice
Que l'on préſente à la Vertu.

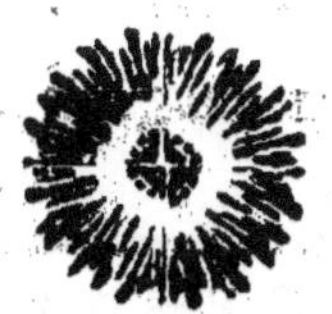

ÉPITRE

A Mlle MALCRAIS DE LA VIGNE. *

TOI, dont la voix brillante a volé ſur nos
rives,
Toi, qui tiens dans Paris nos Muſes attentives;
Qui ſçait ſi bien aſſocier,
Et la ſcience & l'art de plaire,
Et les talens de *Des-Houliere*,
Et les études de *Dacier*;
J'oſe envoyer aux pieds de ta Muſe divine,
Quelques faibles Ecrits, enfans de mon repos:
CHARLES fut ſeulement l'objet de mes travaux;
HENRI QUATRE fut mon Héros,
Et tu ſeras mon Héroïne.
En te donnant mes vers, je te veux avouer
Ce que je ſuis, ce que je voudrais être,
Te peindre ici mon ame & te faire connaître
Celui que tu daignes louer.

. . . .

* M. *Desforges Maillard* a publié dans ſa jeuneſſe pluſieurs de ſes Ouvrages ſous ce nom ſuppoſé, & adreſſé des Pieces à nos meilleurs Poëtes, qui lui ont tous répondu. Il s'était acquis de la réputation avec ſon nom de *Malcrais de la Vigne*.

Pélissier, par son art, le *Maure* par sa voix,
L'agile *Camargo*, *Sallé* l'enchanteresse,
Cette austere *Sallé*, faite pour la tendresse,
Tour à tour ont mes vœux & suspendent mon
choix.

. . . .

Je fais ce que je puis, hélas! pour être sage;
Pour amuser ma liberté;
Mais si quelque jeune Beauté,
Empruntant ta vivacité,
Me parlait ton charmant langage,
Je rentrerais bientôt dans ma captivité.

(Le reste de l'Epître, dont voilà la fin, comme dans les éditions connues.)

ÉPITRE

A MADAME DE***.

BELLE maman, ſoyez l'arbitre,
Si la fievre n'eſt pas un titre
Suffiſant pour ſe diſculper,
De ne point aujourd'hui ſouper ;
Je ſuis au lit comme un bélître,
Fort mécontent de m'occuper,
A ſentir mon pouls galoper.
Beaucoup de ſang, couleur de litre,
De mon bras on vient d'extirper ;
Et c'eſt à force de lamper,
Qu'il eſt, dit-on, trop plein de nitre :
Mais j'eſpere d'en réchapper,
Puiſqu'en écrivant cette Epître,
L'Amour me dreſſe mon pupitre.

VERS,

ENVOYÉS A M. SYLVA.

Au Temple d'Epidaure on offroit les images
Des humains conservés & guéris par les Dieux.
Sylva, qui de la mort est le maître comme eux,
Mérite les mêmes hommages :
Esculape nouveau, mes jours sont tes bienfaits ;
Et tu vois ton ouvrage en revoyant mes traits.

INSCRIPTION

POUR L'AMOUR.

Qui que tu sois, voici ton maître ;
Il l'est, le fut, ou le doit être.

LA DISPUTE.

De *Beausse* & moi, criailleurs effrontés,
Dans un souper clabaudions à merveille,
Et tour à tour épluchions les beautés,
Et les défauts de *Racine* & *Corneille*.
A piailler serions encor, je croi,
Si n'eussions vu, sur la double colline,
Le grand *Corneille* & le tendre *Racine*,
Qui se moquaient de *de Beausse* & de moi.

AVANTAGES
DE LA RAISON.

La Raison est de l'homme, & le guide & l'appui;
Il l'apporte en naissant, elle croît avec lui.
C'est elle qui des traits de sa divine flamme,
Purifiant son cœur, illuminant son ame,
Montre à ce malheureux par le vice abbattu;
Que la félicité n'est que dans la vertu;

Qu'elle donne aux humains couverts de son
égide,
La volupté tranquille, innocente & solide;
La joie, & la santé qu'entretient dans sa fleur,
Le repos de l'esprit, & le calme du cœur;
Que par elle un mortel, aussi ferme que libre,
Au milieu des revers, garde un juste équilibre,
Rit de ses ennemis, & résistant au sort,
Affronte l'indigence, & les fers & la mort,
Comme un rocher qui frappe une mer mugis-
sante,
Brave des flots émus la fureur impuissante.

AU ROI DE PRUSSE.

LA mere de la Mort, la Vieillesse pesante,
A, de son bras d'airain, courbé mon faible corps,
Et des maux qu'elle entraîne une suite effrayan-
te,
De mon ame immortelle attaque les ressorts.
Je brave vos assauts, redoutable Vieillesse;
Je vis auprès d'un sage, & je ne vous crains pas:
Il vous prêtera plus d'appas,
Que le plaisir trompeur n'en donne à la Jeunesse.

Coulez, mes derniers jours, ſans trouble, ſans terreurs,
Coulez près d'un Héros, dont le mâle génie,
Vous fait goûter en paix le ſonge de la vie,
Et dépouille la mort de ce qu'elle a d'horreurs.

Ma raiſon qu'il éclaire, en eſt plus intrépide:
Mes pas par lui guidés, en ſont plus affermis;
Un mortel que Pallas couvre de ſon égide,
Ne craint point les Dieux ennemis.

Philoſophe des Rois, que ma carriere eſt belle!
J'irai de *Sans-ſouci* (1), par des chemins de fleurs,
Aux Champs Eliſéens parler à *Marc-Aurele*,
Du plus grand de ſes Succeſſeurs.

A *Salluſte* jaloux, je lirai votre hiſtoire;
A *Lycurgue*, vos loix; à *Virgile*, vos vers:
Je ſurprendrai les morts, ils ne pourront m'en croire;
Nul d'eux n'a raſſemblé tant de talens divers.

Mais lorſque j'aurai vu les ombres immortelles,
N'allez pas, après moi, confirmer mes récits.
Vivez, rendez heureux ceux qui vous ſont ſoumis,
Et n'allez que fort tard auprès de vos modéles.

(1) Maiſon de Plaiſance du Roi de Pruſſe.

MADRIGAL.

Pope, l'Anglais, ce ſage ſi vanté,
Dans ſa morale, au Parnaſſe embellie,
Dit que les biens, les ſeuls biens de la vie,
Sont le repos, l'aiſance & la ſanté:
Il ſe trompait. Quoi! dans l'heureux partage
Des dons du ciel faits à l'humain ſéjour,
Ce triſte Anglais n'a point compté l'amour!
Qu'il eſt à plaindre! il n'eſt heureux, ni ſage.

ÉTRENNES

A FEU

MONSEIGNEUR LE DAUPHIN.*

Noble Sang du plus grand des Rois,
Son amour & notre eſpérance,
Vous qui, ſans regner ſur la France,
Regnez ſur le cœur des Français;
Pourrez-vous ſouffrir que ma veine

* Ces Vers furent préſentés à ce Prince par un Soldat des Invalides. L'Auteur avait alors à peine quinze ans.

Par un effort ambitieux,
Ose vous donner une étrenne,
Vous qui n'en recevez que de la main des Dieux.
La Nature, en vous faisant naître,
Vous étrenna de ses plus beaux attraits,
Et fit voir dans vos premiers traits,
Que le fils de Louis était digne de l'être.
Tous les Dieux, à l'envi, vous firent leur présent,
Mars vous donna la force & le courage;
Minerve, dès vos jeunes ans,
Ajoûta la sagesse au feu bouillant de l'âge;
L'immortel Apollon vous donna la beauté;
Mais un Dieu plus puissant que j'implore en mes peines,
Voulut aussi me donner mes étrennes,
En vous donnant la libéralité.

LE

LOUP MORALISTE,

FABLE.

Un Loup, à ce que dit l'hiſtoire,
Voulut donner un jour des leçons à ſon fils,
Et lui graver dans la mémoire,
Pour être honnête Loup, de beaux & bons avis.
Mon fils, lui diſait-il, dans ce déſert ſauvage,
A l'ombre des forêts, vous paſſerez vos jours;
Vous pourrez cependant, avec les petits Ours,
Goûter les doux plaiſirs qu'on permet à votre âge.
Contentez-vous du peu que j'amaſſe pour vous,
Point de larcin, menez une innocente vie,
Point de mauvaiſe compagnie,
Choiſiſſez pour amis les plus honnêtes Loups.
Ne vous démentez point, ſoyez toujours le même;
Ne ſatisfaites point vos appétits gloutons;
Mon fils, jeûnez plutôt l'Avent & le Carême,
Que de ſucer le ſang des malheureux moutons;
Car enfin, quelle barbarie!

Quels crimes ont commis ces innocens agneaux?
Au reste, vous sçavez qu'il y va de la vie :
D'énormes chiens défendent les troupeaux.
Hélas ! je m'en souviens, un jour votre grand pere,
Pour appaiser sa faim, entra dans un hameau:
Dès qu'on s'en apperçut ; ô bête carnaciere ;
Au Loup, s'écria-t-on ; l'un s'arme d'un hoyau,
L'autre prend une fourche, & mon pere eut beau faire,
Hélas ! il y laissa sa peau ;
De sa témérité ce fut-là le salaire.
Sois sage à ses dépens, ne suis que la vertu,
Et ne sois point battant de peur d'être battu :
Si tu m'aimes, déteste un crime que j'abhorre.
Le petit vit alors, dans la gueule du Loup,
De la laine, & du sang qui dégoûtait encore ;
Il se mit à rire à ce coup.
Comment ! petit fripon, dit le Loup en colere,
Comment ! vous riez des avis
Que vous donne ici votre pere !
Tu seras un vaurien, va, je te le prédis :
Quoi ! se moquer déjà d'un conseil salutaire !
L'autre répondit en riant :
Mon pere, je ferai ce que je vous vois faire,
Votre exemple est un bon garant.

Tel un Prédicateur, sortant d'un bon repas,
Monte dévôtement en chaire,
Et vient bien fourré, gros & gras,
Prêcher contre la bonne chere.

IMPROMPTU,

SUR

UNE TABATIERE CONFISQUÉE.

ADIEU, ma pauvre tabatiere,
Adieu, je ne te verrai plus;
Ni soins, ni larmes, ni priere,
Ne te rendront à moi; mes efforts sont perdus:
Adieu, ma pauvre tabatiere,
Adieu, doux fruit de mes écus.
S'il faut à prix d'argent te racheter encore,
J'irai plutôt vuider les trésors de Plutus;
Mais ce n'est pas ce Dieu que l'on veut que j'implore,
Pour te revoir, hélas! il faut prier Phébus....
Qu'on oppose entre nous une forte barriere!
Me demander des vers, hélas! je n'en puis plus:
Adieu, ma pauvre tabatiere,
Adieu, je ne te verrai plus.

LE VRAI DIEU,

ODE.

Se peut-il que, dans ses ouvrages,
L'homme aveugle ait mis son appui,
Et qu'il prodigue ses hommages
A des Dieux moins divins que lui ?
Jusqu'à quand, par d'affreux blasphêmes,
Rendrons-nous des honneurs suprêmes,
Aux métaux qu'ont formé nos mains ?
Jusqu'à quand l'encens de la terre
Ira-t-il grossir le tonnerre,
Prêt à tomber sur les humains ?

Descends des demeures divines,
Grand Dieu, les tems sont accomplis ;
L'Erreur enfin, sur ses ruines,
Va voir tes Temples rétablis.
Un jour pur commence à paraître,
Sur la terre un Dieu vient de naître
Pour nous arracher au tombeau ;
De l'enfer les monstres terribles,
Abaissant leurs têtes horribles,
Tremblent au pied de son berceau.

Mais

Mais l'homme constant dans sa rage,
S'oppose à sa félicité ;
Amoureux de son esclavage,
Il s'endort dans l'iniquité.
Je vois ses mains infortunées,
Aux palmes du ciel destinées,
S'offrir à des fers odieux.
Il boit dans la coupe infernale ;
Et l'épais venin qu'elle exhale,
Dérobe le jour à ses yeux.

Ne peut-il des nuages sombres,
Percer la longue obscurité ?
Son Dieu porte, à travers les ombres,
Le flambeau de la vérité.
Ouvre les yeux, homme infidele,
Suis le Dieu puissant qui t'appelle ;
Mais tu te plais à l'ignorer.
Affermi dans l'ingratitude,
Tu voudrais que l'incertitude
Te dispensât de l'adorer.

Mets le comble à tes injustices ;
Il n'est plus tems de reculer ;
Ses vertus condamnent tes vices.
Il faut le suivre ou l'immoler.

L'Erreur, la Colere, l'Envie,
Tout s'eſt armé contre ſa vie ;
Que tardes-tu ? Perce ſon flanc ;
De ſes jours il t'a rendu maître,
Et qui l'a bien pu méconnaître,
Craindra-t-il de verſer ſon ſang ?

Ciel ! déjà ta rage exécute
Ce qu'a préſagé ma douleur ;
Ton Juge à tous les maux en bute,
Va ſuccomber ſous ta fureur.
Je vous vois, victime innocente,
Sous le faix d'une croix peſante,
Vous traîner juſqu'au triſte lieu ;
Tout eſt prêt pour le Sacrifice :
Vous ſemblez, de vos maux complice,
Oublier que vous êtes Dieu.

O toi, dont la courſe céleſte
Annonce aux hommes ton Auteur,
Soleil, en cet état funeſte,
Reconnais-tu ton Créateur ?
C'eſt à toi de punir la terre ;
Si le Ciel ſuſpend ton tonnerre,
Ta clarté doit s'évanouir.
Va te cacher au ſein de l'onde :
Peux-tu donner le jour au Monde,
Quand ton Dieu ceſſe d'en jouir.

Mais quel prodige me découvre
Les flambeaux obscurs de la nuit?
Le voile du Temple s'entr'ouvre;
Le Ciel gronde, le jour s'enfuit.
La terre, en abîmes ouverte,
Avec regret se voit couverte
Du sang du Dieu qui la forma;
Et la Nature consternée,
Semble à jamais abandonnée
Du feu divin qui l'anima.

Toi seul, insensible à tes peines,
Tu chéris l'instant de ta mort;
Grand Dieu! grace aux fureurs humaines,
L'Univers a changé de sort.
Je vois des palmes éternelles
Croître en ces campagnes cruelles,
Qu'arrosa ton Sang précieux.
L'homme est heureux d'être perfide;
Et coupables d'un Déïcide,
Tu nous fais devenir des Dieux.

ODE

COMPOSÉE EN 1713.

Aux maux les plus affreux le Ciel nous
abandonne ;
Le déſeſpoir, la mort, la faim nous environne,
Et les Dieux, contre nous ſoulevés tant de fois,
Equitables vengeurs des crimes de la terre,
Ont frappé du tonnerre
Les Peuples & les Rois.

Des plaines du Tortoſe, aux bords du Boriſthene,
Mars a conduit ſon char attelé par la Haine ;
Les Vents contagieux ont volé ſur ſes pas ;
Et ſoufflant de la mort les ſemences funeſtes,
Ont dévoré les reſtes,
Echappés aux combats.

D'un Monarque puiſſant la race fortunée
Rempliſſait de ſon nom l'Europe conſternée ;
Je n'ai fait que paſſer, ils étaient diſparus ;
Et le peuple abattu, que ce malheur étonne,
Les cherche auprès du Thrône,
Et ne les trouve plus.

Peuples, reconnaissez la main qui vous accable;
Ce n'est pas du Destin l'arrêt irrévocable,
C'est le courroux des Dieux, mais facile à calmer;
Méritez d'être heureux, osez quitter le vice:
C'est par ce sacrifice
Qu'on peut les désarmer.

Rome, en sages héros autrefois si fertile,
Qui fut des premiers Rois la terreur ou l'asyle,
Rome fut vertueuse & dompta l'Univers;
Mais l'Orgueil & le Luxe, enfans de la Victoire,
Du comble de la gloire,
L'ont mise dans les fers.

Quoi! verra-t-on toujours de ces tyrans serviles,
Oppresseurs insolens des veuves des pupilles,
Elever des Palais dans nos champs désolés
Verra-t-on cimenter leurs portiques durables,
Du sang des misérables,
Devant eux immolés?

Elevés dans le sein d'une infâme avarice,
Leurs enfans ont sucé le lait de l'injustice,

Et dans les Tribunaux vont juger les humains;
Malheur à qui, fondé ſur la faible innocence,
A mis ſon eſpérance
En leurs indignes mains.

Des Nobles cependant l'ambition captive,
S'endort entre les bras de la molleſſe oiſive,
Et ne porte aux combats que des coups languiſ-
ſans;
Ceſſez, abandonnez à des mains plus vaillantes;
Ces piques trop peſantes,
Pour vos bras impuiſſans.

Voyez cette Beauté ſous les yeux de ſa mere;
Elle apprend en naiſſant l'art dangereux de
plaire,
Et d'exciter en nous nos funeſtes penchans;
Son enfance prévient le tems d'être coupable,
Le vice, trop aimable,
Inſtruit ſes premiers ans.

Bientôt bravant les yeux de l'époux qu'elle
outrage,
Elle abandonne aux mains d'un Courtiſan vo-
lage,
De ſes trompeurs appas le charme empoiſon-
neur.

Que dis-je ? Cet époux à qui l'hymen la lie,
Trafiquant l'infamie,
La livre au deshonneur.

Ainsi, vous outragez les Dieux & la Nature !
Oh ! que ce n'était point de cette source impure,
Qu'on vit naître les Francs, des Scythes successeurs,
Qui du char d'Attila détachant la fortune,
De la cause commune
Furent les défenseurs.

Le Citoyen alors sçavait porter les armes,
Sa fidelle moitié, qui négligeait ses charmes,
Pour son retour heureux préparait des lauriers,
Recevait dans ses mains sa cuirasse sanglante,
Et sa hache fumante
Du trépas des guerriers.

Au travail endurcis, leur superbe courage,
Ne prodigua jamais un imbécille hommage
A de vaines Beautés, à leurs yeux, sans appas ;
Et d'un sexe timide, & né pour la mollesse,
Ils plaignaient la faiblesse,
Et ne l'adoraient pas.

De ces ſauvages tems l'héroïque rudeſſe,
Leur dérobait encor la délicate adreſſe,
D'excuſer leurs forfaits par un ſubtil détour;
Jamais on n'entendit leur bouche peu ſincere
Donner à l'adultere
Le tendre nom d'amour.

Mais inſenſiblement l'adroite politeſſe,
Des cœurs efféminés ſouveraine maîtreſſe,
Corrompit de nos mœurs l'auſtere pureté;
Et du ſubtil menſonge empruntant l'artifice;
Bientôt à l'injuſtice
Donna l'air d'équité.

Le luxe à ſes côtés marche avec arrogance,
L'or qui naît ſous ſes pas s'écoule en ſa préſence,
Le fol Orgueil le ſuit, compagnon de l'Erreur;
Il ſappe des Etats la grandeur ſouveraine,
De leur chute certaine,
Brillant avant-coureur.

ÉPITRE
A M. GÉNONVILLE.

Ami, que je chéris de cette amitié rare,
Dont Pylade a donné l'exemple à l'Univers,
Et dont Chaulieu chérit la Fare;
Vous, pour qui les trésors d'Apollon sont ouverts;
Vous dont les agrémens divers,
L'imagination féconde,
L'esprit & l'enjouement, sans vice & sans travers,
Seraient chez nos neveux célébrés dans mes vers,
Si mes vers, comme vous, plaisaient à tout le monde:
Votre Epître a charmé le Pasteur de Sully;
Il se connaît au bon, & par-tout il vous aime;
Votre Ecrit est par nous dignement accueilli,
Et vous serez reçu de même.

Il est beau, mon cher ami, de venir à la campagne, tandis que Plutus tourne toutes les têtes à la Ville. Etes-vous réellement devenus tous fous à Paris? Je n'entends parler que de millions; on dit que tout ce qui était à son aise est dans la misere, & que tout ce qui était dans la mendicité, nage dans l'opulence. Est-ce une réalité? Est-ce une chimere? La moitié de la Nation a-t-elle trouvé la Pierre philosophale dans les moulins à papier? *Law* est-il un Dieu, un Fripon, ou un Charlatan qui s'empoisonne de la drogue qu'il distribue à tout le monde? Se contente-t-on de richesses imaginaires? C'est un cahos que je ne puis débrouiller, & auquel je m'imagine que vous n'entendez rien. Pour moi je ne me livre à d'autres chimeres qu'à celles de la Poësie.

Avec l'Abbé Courtin je vis ici tranquille,
Sans aucun regret pour la Ville,
Où certain Ecossais malin,
Comme la vieille Sibylle,
Dont parle le bon Virgile,
Sur des feuillets volans écrit notre destin;
Venez nous voir un beau matin,
Venez, aimable Génonville;
Apollon, dans ces climats,
Vous prépare un riant asyle:

Voyez qu'il vous tend les bras,
Et vous rit d'un air facile.
Deux J * * * en ce lieu,
Ouvriers de l'Evangile,
Viennent, de la part de Dieu,
Faire un voyage inutile.
Ils veulent nous prêcher demain;
Mais pour nous défaire soudain
De ce couple de chatemites,
Il ne faudra, sur leur chemin,
Que mettre un gros Saint Augustin;
C'est le Ratelier des J * * *.

*ÉPITRE A MADAME DE****.

Sur le péril qu'elle avait couru en traversant la Loire.

SÇAVEZ-VOUS, belle Douairiere,
Ce que dans Sully l'on faisait,
Lorsqu'Eole vous conduisait
D'une si terrible maniere;
Certain malin esprit riait,
Et pour vous déjà préparait
Une Epitaphe familiere,
Disant qu'on vous repêcherait
Incessamment dans la riviere.
Cependant l'Espar, la Vrilliére,
Guiche, Sully, tout soupirait;
Roussi comme un Diable jurait,
Et l'Abbé Courtin qui pleurait,
En voyant votre heure derniere,
Adressait à Dieu sa priere,
Et pour vous tout bas marmotait
Quelque Oraison de son Bréviaire,

* Cette Epître est fort différente ici des autres éditions.

Qu'alors, contre ſon ordinaire,
Dévotement il récitait,
Dont à peine il ſe ſouvenait,
Et que même il n'entendait guere.
Mais quel ſpectacle j'enviſage!
Les Amours qui, de tous côtés,
S'oppoſent à l'affreuſe rage
Des vents contre vous irrités;
Je les vois; ils ſont à la nage,
Et plongés juſqu'au cou dans l'eau,
Ils conduiſent votre bateau,
Et vous voilà ſur le rivage.
Daphné, ſongez à faire uſage
Des jours qu'Amour a conſervés.
C'eſt pour lui qu'il les a ſauvés:
En faut-il dire davantage?
Daignez pour moi vous employer
Près de ce Duc aimable & ſage,
Qui fit avec vous ce voyage,
Où vous penſâtes vous noyer,
Et que votre bonté l'engage
A conjurer un peu l'orage
Qui ſur moi gronde maintenant,
Et qu'enfin au Prince Régent
Il tienne à peu près ce langage;

Prince, dont la vertu va changer nos destins,
Toi, qui par tes bienfaits signales ta puissance,
Toi, qui fais ton plaisir du bonheur des humains,
PHILIPPE, il est pourtant un malheureux en France.
Du Dieu des vers un fils infortuné,
Depuis un tems, fut par toi condamné
A fuir loin de ces bords qu'embellit ta présence;
Songe que d'Apollon souvent les Favoris
D'un Prince assurent la mémoire;
PHILIPPE, quand tu les bannis,
Souviens-toi que tu te ravis
Autant de témoins de ta gloire.
Jadis le tendre Ovide eut un pareil destin;
Auguste l'exila dans l'affreuse Scythie.
Auguste est un Héros; mais ce n'est pas enfin
Le plus bel endroit de sa vie.
Grand Prince, puisses-tu devenir aujourd'hui,
Et plus clément qu'Auguste, & plus heureux que lui.

VERS

Sur l'Election du Roi STANISLAS.

IL fallait un Monarque aux fiers Enfans du
Nord,
Un peuple de Héros s'assemblait pour l'élire;
Mais l'Aigle de Russie & celui de l'Empire
Menaçaient la Pologne & maîtrisaient le Sort:
De la France aussi-tôt, son Trône & sa Patrie,
La Vertu descendit aux champs de Varsovie:
Mars conduisait ses pas. Vienne en frémit d'effroi;
La Pologne à genoux courut la reconnaître.
Peuples nés, leur dit-elle, & pour Mars & pour moi,
De nos mains à jamais recevez votre Maître:
STANISLAS à l'instant vint, parut, & fut Roi.

ODE

Sur la construction de l'Autel de Notre-Dame en 1714.

Du Roi des Rois la voix puissante,
S'est fait entendre dans ces lieux :
L'or brille, la toile est vivante,
Le marbre s'anime à mes yeux.
Prêtresses de ce Sanctuaire,
La Paix, la Piété sincere,
La Foi, Souveraine des Rois,
Du Très-Haut Filles immortelles,
Rassemblent en foule autour d'elles
Les Arts animés par leurs voix.

O Vierges, Compagnes des Justes,
Je vois deux Héros (1) prosternés,
Dépouiller leurs bandeaux augustes,
Par vos mains tant de fois ornés;
Mais quelle puissance céleste
Imprime sur leur front modeste

(1) Les statues de Louis XIII & de Louis XIV sont aux deux côtés de l'Autel.

Cette ſuprême majeſté !
Terrible & ſacré caractere,
Dans qui l'œil étonné révere
Les traits de la Divinité.

L'un voua ces pompeux portiques ;
Son fils vient de les élever.
O que de projets héroïques
Seul il eſt digne d'achever !
C'eſt lui, c'eſt ce Sage intrépide,
Qui triompha du Sort perfide,
Contre la Vertu conjuré,
Et de la Diſcorde étouffée,
Vient dreſſer un nouveau trophée (1)
Sur l'Autel qu'il a conſacré.

Telle autrefois la Cité ſainte
Vit le plus ſage des Mortels,
Du Dieu qu'enferme ſon enceinte,
Dreſſer les ſuperbes Autels.
Sa main redoutable & chérie,
Loin de ſa paiſible Patrie,
Ecartait les troubles affreux,
Et ſon autorité tranquille,
Sur un Peuple à lui ſeul docile,
Faiſait luire des jours heureux.

---

(1) La Paix de l'Empereur faite dans le tems que le Chœur a été achevé.

O toi, cher à notre mémoire ;
Puisque LOUIS te doit le jour,
Descends du pur sein de la Gloire,
Des bons Rois immortel séjour ;
Reviens sur ces rives illustres,
Où ton fils, depuis tant de lustres,
Porte ton Sceptre dans ses mains :
Reconnais-le aux vertus suprêmes,
Qui ceignent de cent diadêmes
Son front respectable aux humains.

Viens : l'Hérésie insinuante,
Le Duel armé par l'Affront,
La Révolte pâle & sanglante,
Ici ne levent plus leur front.
Tu vis leur cohorte effrénée,
De leur haleine empoisonnée,
Souffler leur rage sur les Lys :
Leurs dents, leurs fléches sont brisées ;
Et sur leurs têtes écrasées
Marche ton invincible fils.

Viens sous cette voûte nouvelle,
De l'Art ouvrage précieux.
Là, brûle allumé par son zele,
L'encens que tu promis aux Cieux ;
Offre au Dieu que son cœur révere,
Ses vœux ardens, sa foi sincere,

Humble tribut de piété.
Voilà les dons que tu demandes,
Grand Dieu ; ce sont-là les offrandes
Que tu reçois dans ta bonté.

Les Rois sont les vives images
Du Dieu qu'ils doivent honorer ;
Tous lui consacrent des hommages,
Combien peu sçavent l'adorer !
Dans une offrande fastueuse,
Souvent leur piété pompeuse
Au Ciel est un objet d'horreur.
Sur l'Autel que l'Orgueil lui dresse,
Je vois une main vengeresse
Tracer l'arrêt de sa fureur (1).

Heureux le Roi que la Couronne
N'éblouit point de sa splendeur ;
Qui, fidele au Roi qui la donne,
Ose être humble dans sa grandeur ;
Qui, donnant aux Rois des exemples,
Au Seigneur éleve des Temples,
Des asyles aux malheureux ;
Dont la clairvoyante Justice
Démêle & confond l'artifice
De l'hypocrite ténébreux.

---

(1) *Apparuerunt digiti quasi hominis scribentis.*

Assise avec lui sur le Trône,
La Sagesse est son ferme appui ;
Si la fortune l'abandonne,
Le Seigneur est toujours à lui.
Ses vertus seront couronnées
D'une longue suite d'années,
Trop courte encore à nos souhaits ;
Et l'Abondance, dans ses Villes,
Fera germer ses dons fertiles,
Cueillis par les mains de la Paix.

PRIERE

POUR LE ROI.

TOI qui formas LOUIS de tes mains salutaires,
Pour augmenter ta gloire & pour combler nos vœux,
Grand Dieu, qu'il soit encor l'appui de nos neveux,
Comme il fut celui de nos peres.

. . . *Templum de marmore ponam*
Propter aquam. Virg. Georg. Lib. III.

VERS

CONTRE L'ABBÉ DESFONTAINES.

(*C'est Rousseau qu'on fait parler.*)

J'AI, grace au Ciel, un Sectateur fidéle,
Qui chaque jour peut produire un Libelle :
Heureux Mortel qui n'a ni foi ni loi,
Prêtre & Rimeur, & plus méchant que moi ;
Et qui souvent, de ses fécondes veines,
D'un noir poison fait couler *Desfontaines*.
Ce S . . . . . Elévé de Baal,
D'un scélérat pésant original,
Qui sans pudeur, en blasphêmes s'exhale ;
Se nourrissant de honte & de scandale,
Et qui, malgré sa face de vaurien,
Serait Curé, s'il eût été Chrétien ;
Ce cher appui de mon nom, de ma gloire,
Digne de vivre avec moi dans l'Histoire,
Pour quinze francs me préconisera ;
Des plus beaux noms il me décorera.
Oui, tu seras vanté par *Desfontaines* :
C'est-là le comble à ta honte certaine ;
C'est ton salaire & c'est bien la raison
Que *D*. . . . . . soit loué par *C*. . . . ?

VERS
A M. LOUIS RACINE,
Sur son Poëme de la GRACE.

CHER *Racine*, j'ai vû, dans tes Vers dogmatiques,
De ton *J . . . .* les Leçons fanatiques.
Quelquefois je te loue, & ne te crois en rien ;
Si ton style me plaît, ton Dieu n'est pas le mien.
Tu t'en fais un Tyran, je veux qu'il soit mon Pere :
Ton hommage est forcé, le mien est volontaire.
De son sang, mieux que toi, je reconnais le prix ;
Tu le sers en Esclave, & je le sers en Fils.
Crois-moi, n'affecte plus une inutile audace :
Il faut comprendre Dieu pour comprendre sa grace ;
Soumettons nos esprits, soumettons-lui nos cœurs,
Et soyons des Chrétiens, & non pas des Docteurs.

VERS

A M. DE VOLTAIRE,

Par M. F** DE ROUEN.

Assis devant votre Pupitre,
Avec votre plume j'écris ;
Cela ſemble d'abord un titre,
Pour façonner des vers polis :
Auſſi je voulais vous en faire,
Mais Apollon m'a reconnu,
J'ai beau vouloir vous contrefaire ;
De lui je n'ai rien obtenu.
Je vois trop que c'eſt tems perdu
Et qu'il ne répond qu'à *Voltaire*.

RÉPONSE DE M. DE VOLTAIRE.

On m'a conté, l'on m'a menti peut-être,
Qu'Apelle un jour vint, entre cinq & six,
Confabuler chez son Ami *Zeuxis :*
Mais ne trouvant personne en son taudis,
Fit, sans billet, sa visite connaître.
Sur un Tableau par *Zeuxis* commencé
Un simple trait fut hardiment tracé.
Zeuxis revint : puis en voyant paraître
Ce trait léger, & pourtant achevé,
Il reconnut son Maître & son Modéle.
Je suis *Zeuxis* : mais chez moi j'ai trouvé
Des traits formés par la main d'un *Apelle.*

VERS

VERS
A MADAME DE PRIE.

De Prie, objet aimable & rare assurément,
Que vous passez, d'un vol rapide,
Du grave à l'enjoué, du frivole au solide!
Que vous unissez plaisamment
L'esprit d'un Philosophe & celui d'un Enfant!
J'accepte les lauriers que votre main me donne;
Mais ne peut-on tenir de vous qu'une Couronne?
Vous connaissez *Alain*, ce Poëte fameux,
Qui s'endormit un jour au Palais de sa Reine!
Il en reçut un baiser amoureux;
Mais il dormoit, & la faveur fut vaine.
Vous me pourriez payer d'un prix plus doux,
Et si votre bouche vermeille
Doit quelque chose aux vers que je chante pour vous,
N'attendez pas que je sommeille.

A MONSIEUR ***,

Qui préſidait à une Fête.

DAMON, aimé de tout le monde ;
Vous enchantez également
Le Philoſophe, l'Ignorant,
Le Galant, à perruque blonde,
Le Citoyen, le Courtiſan.
En Apollon, vous êtes mon Confrere ;
Maître dans l'art d'aimer, bien plus dans l'art de plaire,
Vif ſans emportement, complaiſant ſans fadeur ;
Homme d'eſprit, ſans être Auteur.
Vous préſidez à cette fête,
Vous avez tout l'honneur de cette aimable jour ;
Mes lauriers étaient faits pour ceindre votre tête,
Mais vous n'en recevez que des mains de l'Amour.

VERS
POUR MADEMOISELLE SALLÉ.

De tous les cœurs & du ſien ſa maîtreſſe,
Elle allume des feux qui lui ſont inconnus :
De Diane c'eſt la Prêtreſſe,
Danſant ſous les traits de Vénus.

VERS
AU ROI DE PRUSSE,

En lui renvoyant le Cordon de l'Ordre du Mérite & la Clef de Chambellan.

Je le reçus avec tendreſſe,
Je vous le rends avec douleur ;
Comme un Amant, dans ſa fureur,
Rend le portrait de ſa Maîtreſſe.

A MADAME DE**.

AINSI donc vous réunissez
Tous les Arts, tous les goûts, tous les talens de plaire;
* * *, vous embellissez
La Cour, le Parnasse & Cythere.
Charme de tous les cœurs, Trésor d'un seul mortel,
Qu'un sort si beau soit éternel.
Que vos jours précieux soient comptés par des fêtes,
Que de nouveaux succès marquent ceux de **.
Soyez tous deux sans ennemis,
Et gardez tous deux vos conquêtes.

ÉPIGRAMME

*CONTRE DE***.*

DANC* ſi mépriſé jadis,
Fait voir aux pauvres de génie
Qu'on peut gagner l'Académie,
Comme on gagne le Paradis.

ÉPIGRAMME

CONTRE UN POETE.

CONNAISSEZ-VOUS certain Rimeur obſcur,
Sec & guindé, toujours froid, toujours dur,
Ayant la rage, & non l'art de médire,
Qui ne peut plaire & peut encor moins nuire;
Pour ſes méfaits dans la geole encagé,
A Saint Lazare, après ce fuſtigé,
Chaſſé, battu, déteſté pour ſes crimes,
Honni, berné, conſpué pour ſes rimes,
Cocu, content, parlant toujours de ſoi?
Chacun s'écrie, eh! c'eſt le Poëte R...

ÉPIGRAMME.

LA MUSE DE S. MICHEL.

NOTRE Monarque, après sa maladie,
Etait, à Metz, attaqué d'insomnie;
Ah! que de gens l'auraient guéri d'abord!
Le Poëte *R*** dans Paris versifie,
La Piéce arrive, on la lit, le ROI dort:
De Saint Michel la Muse soit bénie.

FRAGMENT

D'UNE ODE.

LOIN d'ici ce discours vulgaire,
Qui dit que l'esprit dégénere,
Que tout change & que tout finit:
La Nature est inépuisable,
Et le travail infatigable
Est le Dieu qui la rajeunit.

ÉPIGRAMME

ADRESSÉE

A L'ABBÉ DE CHAULIEU.

CHER Abbé, je vous remercie
Des Vers que vous m'avez prêtés,
A leurs ennuyeuses beautés
J'ai reconnu l'A * * *.
La *Mothe* n'écrit pas fort bien.
Vos Vers m'ont servi d'antidote
Contre ce froid Rhétoricien;
Danchet écrit comme la *Mothe*,
Mais sur-tout n'en dites rien.

VERS

A MADAME DU BOCCAGE,

Lors de son départ pour Rome.

ALLEZ au Capitole, allez, rapportez-nous
Les myrtes de Pétrarque & les lauriers du
Tasse :
Si tous deux revivaient, ils chanteraient pour
vous ;
Et voyant vos beaux yeux & votre Poësie,
Tous deux mourraient à vos genoux
Ou d'amour ou de jalousie.

LETTRE A MONSIEUR DE C***, SUR LE TEMPLE DU GOUT.

Monsieur, vous avez vu, & vous pouvez rendre témoignage comment cette bagatelle fut conçue & exécutée. C'était une plaisanterie de Société. Vous y avez eu part comme un autre; chacun fournissait ses idées; & je n'ai gueres eu d'autre fonction que celle de les mettre par écrit.

M. de** disait que c'était dommage que Bayle eût enflé son Dictionnaire de plus de deux cens articles de Ministres & de Professeurs Luthériens ou Calvinistes; qu'en cherchant l'article de *César*, il n'avait rencontré que celui de *Jean Césarius*, Professeur à Cologne; & qu'au lieu de Scipion, il avait trouvé six grandes pages sur *Gérard Scioppius*. De-là on concluait, à la pluralité des voix, à réduire Bayle en un seul tome, dans la Bibliothéque du Temple du Goût.

Vous m'aſſuriez tous que vous aviez été aſſez ennuyés en liſant l'Hiſtoire de l'Académie Françaiſe ; que vous vous intéreſſiez fort peu à tous les détails des ouvrages de *Baleſdeus*, de *Porcheres*, de *Bardin*, de *Baudoin*, de *Faret*, de *Colletet*, & d'autres pareils grands hommes ; & je vous en crus ſur votre parole. On ajoutait qu'il n'y a gueres aujourd'hui de femmes d'eſprit qui n'écrive de meilleures Lettres que Voiture, on diſait que Saint-Evremont n'aurait jamais dû faire de vers, & qu'on ne devait pas imprimer toute ſa proſe. C'eſt le ſentiment du Public éclairé ; & moi qui trouve toujours tous les livres trop longs, & ſur-tout les miens, je reduiſais auſſitôt tous ces volumes à très-peu de pages.

Je n'étais en tout cela que le Sécretaire du Public : ſi ceux qui perdent leur cauſe ſe plaignent, ils ne doivent pas s'adreſſer à celui qui a écrit l'Arrêt.

Je ſçais que des Politiques ont regardé cette innocente plaiſanterie du Temple du Goût comme un grave attentat. Ils prétendent qu'il n'y a qu'un malintentionné qui puiſſe avancer, que le Château de Verſailles n'a que ſept croiſées de face ſur la cour, & ſoutenir que le Brun, qui était premier Peintre du Roi, a manqué de coloris.

Des Rigoristes disent, qu'il est impie de mettre des filles de l'Opéra, Lucrece & des Docteurs de Sorbonne dans le *Temple du Goût*.

Des Auteurs, auxquels on n'a point pensé, crient à la Satyre, & se plaignent que leurs défauts sont désignés, & leurs grandes beautés passées sous silence; crime irrémissible qu'ils ne pardonneront de leur vie, & ils appellent le *Temple du Goût* un Libelle diffamatoire.

On ajoute qu'il est d'une ame noire, de ne louer personne sans un petit correctif; & que dans cet ouvrage dangereux nous n'avons jamais manqué de faire quelque égratignure à ceux que nous avons caressés.

Je répondrai en deux mots à cette accusation: qui loue tout, n'est qu'un flatteur. Celui-là seul sçait louer, qui loue avec restriction.

Ensuite, pour mettre de l'ordre dans nos idées, comme il convient dans ce siécle éclairé, je dirai qu'il faudrait un peu distinguer entre la *Critique*, la *Satyre* & le *Libelle*.

Dire que le *Traité des Etudes* est un

Livre à jamais utile, & que par cette raiſon même il en faut retrancher quelques plaiſanteries, & quelques familiarités peu convenables à ce ſérieux ouvrage : dire que les *Mondes* eſt un Livre charmant & unique, & qu'on eſt fâché d'y trouver que *le jour eſt une Beauté blonde, & la nuit une Beauté brune*, & d'autres petites douceurs : voilà, je crois, de la critique.

Que Deſpréaux ait écrit :

. . . . Pour trouver un Auteur ſans défaut,
La raiſon dit Virgile, & la rime Quinaut.

C'eſt de la ſatyre, & de la ſatyre même aſſez injuſte en tout ſens, (avec le reſpect que je lui dois); car la rime de *défaut* n'eſt point aſſez belle pour rimer avec *Quinaut*; & il eſt auſſi peu vrai de dire que Virgile eſt ſans défaut, que de dire que Quinaut eſt ſans naturel & ſans graces.

Les *Couplets* de *Rouſſeau*, le *Maſque de Laverne*, & telle autre horreur, certains ouvrages de *Gacon*; voilà ce qui s'appelle un *Libelle diffamatoire*.

Tous les honnêtes gens qui penſent, ſont *critiques*; les malins ſont *ſatyriques*; les pervers font des *Libelles* : & ceux qui ont fait, avec moi, le Temple du Goût, ne ſont aſſurément ni malins, ni méchans.

Enfin, voilà ce qui nous amuſa pendant plus de quinze jours. Les idées ſe ſuccédaient les unes aux autres; on changeait tous les ſoirs quelque choſe, & cela a produit ſept ou huit *Temples du Goût*, abſolument différens.

Un jour nous y mettions les Etrangers, le lendemain nous n'admettions que les Français. Les Maffei, les Popes, les Bononcini ont perdu à cela plus de cinquante vers, qui ne ſont pas fort à regretter. Quoi qu'il en ſoit, cette plaiſanterie n'était point du tout faite pour être publique.

Une des plus mauvaiſes & des plus infidelles copies d'un des plus négligés brouillons de cette bagatelle, ayant couru dans le monde, a été imprimée ſans mon aveu; & celui qui l'a donnée, quel qu'il ſoit, a très-grand tort.

Peut-être fait-on plus mal encore de donner cette nouvelle édition : il ne faut jamais prendre le Public pour le confident de ſes amuſemens; mais la ſottiſe eſt faite, & c'eſt un de ces cas où l'on ne peut faire que des fautes.

Voici donc une faute nouvelle ; & le Public aura cette petite esquisse (si cela même peut en mériter le nom) telle qu'elle a été faite dans une société où l'on sçavait s'amuser sans la ressource du jeu, où l'on cultivait les Belles Lettres sans esprit de parti, où l'on aimait la vérité plus que la satyre, & où l'on sçavait louer sans flatterie.

S'il avait été question de faire un Traité du Goût, on aurait prié les *de Côtes* & les *Beaufrancs* de parler d'Architecture, les *Coypels* de définir leur Art avec esprit, les *Destouches* de dire quelles sont les graces de la Musique, les *Crébillons* de peindre la terreur qui doit animer le Théâtre : pour peu que chacun d'eux eût voulu dire ce qu'il sçait, cela aurait fait un gros *in-folio* ; mais on s'est contenté de mettre en général les sentimens du Public ; dans un petit Ecrit sans conséquence, & je me suis chargé uniquement de tenir la plume.

Il me reste à dire un mot sur notre jeune Noblesse qui employe l'heureux loisir de la paix à cultiver les Lettres & les Arts ; bien différente en cela des augustes Visigoths leurs ancêtres, qui ne sçavaient pas signer leurs noms. S'il y a encore dans notre Nation ſi polie, quelques barbares & quelques mauvais plaiſans qui oſent déſapprouver des occupations ſi eſtimables, on peut aſſurer qu'ils en feraient autant, s'ils le pouvaient. Je ſuis très-perſuadé que, quand un homme ne cultive point un talent, c'eſt qu'il ne l'a pas; qu'il n'y a perſonne qui ne fit des vers, s'il était né Poëte; & de la muſique, s'il était né Muſicien.

Il faut ſeulement que les graves Critiques, aux yeux deſquels il n'y a d'amuſement honorable dans le monde que le Lanſquenet & le Biribi, ſçachent que les Courtiſans de Louis XIV, au retour de la conquête de Hollande en 1672, danſerent à Paris ſur le Théâtre de *Lully*, dans le jeu de paume de *Belleaire*, avec les Danſeurs de l'Opéra, & que l'on n'oſa pas en murmurer. A plus forte raiſon doit-on, je crois, pardonner à la Jeuneſſe d'avoir eu de l'eſprit dans un âge où l'on ne connaiſſait que la débauche.

Omne tulit punctum qui miſcuit utile dulci.

Je ſuis, &c.

PRINCIPALES VARIANTES
DU
TEMPLE DU GOUT.

Il est bon (1) que vous observiez de près un Dieu que vous voulez servir.

Vous l'avez pris pour votre Maître :
Il l'est, ou du moins le doit être ;
Mais vous l'encensez de trop loin,
Et nous allons prendre le soin
De vous le faire mieux connaître.

Je remerciai son Eminence de sa bonté, & je lui dis : Monseigneur, je suis extrêmement indiscret ; si vous me menez avec vous, je m'en vanterai à tout le monde :

Et, si dans son malin vouloir,
Quelque Critique veut sçavoir
En quels lieux, en quel coin du Monde,
Est bâti ce divin manoir,
Que faudra-t-il que je réponde ?

(1) C'est le Cardinal de Polignac qui adresse la parole à M. de Voltaire.

Le Cardinal me répliqua que le Temple était dans le pays des Beaux-Arts, qu'il voulait absolument que je l'y suivisse, & que je fisse ma relation avec sincérité; que s'il arrivait qu'on se moquât un peu de moi, il n'y aurait pas grand mal à cela, & que je le rendrais bien, si je voulais. J'obéis, & nous partîmes.

I I.

On repoussait plus fierement ces hommes injustes & dangereux, ces ennemis de tout mérite, qui haïssent sincerement ce qui réussit, de quelque nature qu'il puisse être. Leurs bouches distillent la médisance & la calomnie (1). Ils disent que *Télémaque* est un Libelle contre Louis XIV, & *Esther* une satyre contre le Ministere : ils donnent de nouvelles clefs de la Bruyere; ils infectent tout ce qu'ils touchent.

I I I.

Ah! bon Dieu! s'écria la Critique (2),

(1) On a fait réellement ces reproches à *Fénelon* & à *Racine*, dans de misérables Libelles que personne ne lit plus aujourd'hui, & auxquels la malignité donna de la vogue dans leur tems.

(2) Brekekeke, koax, koax, koax, koax. Vers de Rousseau.

quel horrible jargon! Elle fit ouvrir la porte pour voir l'animal qui avait un cri si singulier. Quel fut son étonnement, quand tout le monde lui dit que c'était Rousseau! Elle lui ferma la porte au plus vîte. Le Rimeur désespéré lui criait dans son style Marotique:

Eh! montrez-vous un peu moins difficile:
J'ai, près de vous, mérité d'être admis.
Reconnaissez mon humeur & mon style;
Voici des vers contre tous mes amis.
O vous, Critique! ô vous, Déesse utile!
C'était par vous que j'étais inspiré.
En tout pays, en tout tems abhorré,
Je n'ai que vous désormais pour asyle.

A ces paroles, la Critique fit ouvrir le Temple, parut d'un air de Juge, & parla ainsi au Cynique:

Rousseau, tu m'as trop méconnue:
Jamais ma candeur ingénue
A tes écrits n'a présidé.
Ne prétends pas qu'un Dieu t'inspire;
Quand ton esprit n'est possédé
Que du Démon de la Satyre.

IV.

Enfin, après ces retardemens agréables, au milieu des Beaux-Arts, des Muſes, des Plaiſirs mêmes, nous arrivâmes juſqu'à l'Autel & juſqu'au Trône du Dieu du Goût.

Je vis ce Dieu qu'en vain j'implore,
Ce Dieu charmant que l'on ignore,
Quand on cherche à le définir;
Ce Dieu qu'on ne ſçait point ſervir,
Quand avec ſcrupule on l'adore.
Il ſe plaiſait à conſulter
Ces Graces, ſimples & naïves,
Dont la France doit ſe vanter;
Ces Graces, piquantes & vives,
Que les Nations attentives
Voulurent ſouvent imiter;
Qui de l'Art ne ſont point captives,
Qui régnaient jadis à la Cour,
Et que la Nature & l'Amour
Avaient fait naître ſur nos rives.
Il eſt toujours environné
De leur troupe aimable & légere:
C'eſt par leurs mains qu'il eſt orné,
C'eſt avec elles qu'il veut plaire.

. . . .

Sur ſon front régne la ſageſſe;
Son air eſt tendre, ingénieux:

Les Amours ont mis dans ſes yeux
Le ſentiment & la fineſſe.
Le *More* à ces Autels chantait,
Pélißier près d'elle exprimait
De *Lully* toute la tendreſſe ;
Légère & forte en ſa ſoupleſſe,
La vive *Camargo* (1) ſautait,
A ces ſons brillans d'allégreſſe,
Et de *Rebel* & de *Mouret*.
Le *Couvreur* (2), plus loin, récitait
Avec cette grace divine,
Dont autrefois elle ajoutait
De nouveaux charmes à *Racine*.

Colbert, l'amateur & le protecteur de tous les Arts, raſſemblait autour de lui les Connaiſſeurs. Tous félicitaient le Cardinal de Polignac (3) ſur ce Sallon

---

(1) Mademoiſelle *Camargo*, la premiere qui ait danſé comme un homme.

(2) *Adrienne le Couvreur*, la meilleure Actrice qu'ait jamais eu, avant elle, la Comédie Françaiſe pour le Tragique, & la premiere qui ait introduit au Théâtre la déclamation naturelle.

(3) M. de Polignac ayant conjecturé qu'un certain terrein de Rome avait été autrefois la maiſon de Marius, fit fouiller dans cet endroit. L'on trouva, à pluſieurs pieds ſous terre, un ſallon entier, avec pluſieurs ſtatues très-bien conſervées. Parmi ces ſtatues, il y en a dix qui font une ſuite complette, & qui repréſentent Achille déguiſé en fille à la Cour de Lycomede, & reconnu par

de *Marius*, qu'il a déterré dans Rome, & dont il vient d'orner la France.

Colbert attachait souvent sa vûe sur cette belle façade du Louvre, dont Perrault & le Vau se disputent encore l'invention. Il soupirait de ce qu'un si beau monument périssait sans être achevé. Ah! disait-il, pourquoi a-t-on forcé la Nature pour faire du château de Versailles un favori sans mérite; tandis qu'on pourrait, en achevant le Louvre, égaler en bon goût Rome ancienne & moderne.

On voyait sur un autel le Plan du Luxembourg; de ce Portail si noble, auquel il manque une Place, une Eglise & des admirateurs; de cette Fontaine qui fut un chef-d'œuvre du goût dans un tems d'ignorance; de cet Arc de triomphe qu'on admirerait dans Rome, & auquel le nom vulgaire de la *Porte S. Denis* ôte tout son mérite auprès de la plûpart des Parisiens. Cependant le Dieu s'amusait à faire construire le modele d'un Palais parfait. Il joignait l'architecture du Palais de Maisons, au dedans de l'Hôtel de Lanoy, dont il a conseillé lui-même

---

l'artifice d'Ulysse. Cette collection est unique dans l'Europe, par la rareté & la beauté. *A la mort du Cardinal de Polignac, le Roi de Prusse en fit l'acquisition.*

la ſituation, les proportions & les embelliſſemens au Maître aimable de cet Edifice, & auquel il ajoutait quelques commodités.

Je demandais, tout bas, pourquoi il y a eu, à proportion, moins de bons Architectes en France que de bons Sculpteurs. Le Cardinal, qui connaît tous les Arts, daigna répondre ainſi : Premierement, les Sculpteurs & les Peintres ont toute la liberté de leur génie, au lieu que les Architectes ſont ſouvent gênés par le terrein, & encore plus par le caprice du Maître. En ſecond lieu, les Sculpteurs & les Peintres, faiſant beaucoup plus d'ouvrages, ont bien plus d'occaſion de ſe corriger. Cent Particuliers étaient en état d'employer le pinceau du *Pouſſin*, de *Jouvenet*, de *Santerre*, de *Boulogne*, de *Watau*; & même aujourd'hui nos Peintres modernes travaillent preſque tous pour de ſimples Citoyens; mais il faut être Roi ou Surintendant pour exercer le génie d'un *Manſard* ou d'un *Desbroſſes* : enfin, le ſuccès du Peintre eſt dans le deſſein de ſon tableau; celui du Sculpteur eſt dans ſon modele en terre : le modele de l'Architecte, au contraire, eſt trompeur;

parce que le bâtiment, regardé ensuite à une plus grande distance, fait un effet tout différent, & que la perspective aërienne en change les proportions; en un mot, il en est souvent du plan en relief d'un édifice, comme de la plûpart des machines qui ne réussissent qu'en petit.

V.

On y examine si les Arts se plaisent mieux dans une Monarchie que dans une République : si l'on peut se passer aujourd'hui du secours des Anciens: si les Livres ne sont point trop multipliés: si la Comédie & la Tragédie ne sont point épuisées. On examine quelle est la vraie différence entre l'homme de talent & l'homme d'esprit, entre le Critique & le Satyrique, entre l'Imitateur & le Plagiaire.

VI.

Permettez que je continue mes petites observations, répondit le Pere Bouhours. Ce sont les grands Hommes qu'il faut critiquer, de peur que les fautes qu'ils font contre les regles, ne servent de regles aux petits Ecrivains. Ce sont les défauts du Poussin & de le Sueur qu'il faut relever, & non ceux de Rouet & de Vignon ; & dès que votre *Anti-Lucrece* sera imprimé, soyez sûr de ma critique.

Eh ! bien, examinez, vétillez, tant qu'il vous plaira, dit en passant un jeune Duc qui revenait du Sermon de Ninon, & qui en paraissait tout pénétré : pour moi, je n'ai pas la force de rien censurer d'aujourd'hui.

Cet homme que Ninon avait rendu si indulgent,

C'est lui qui d'un esprit vif, aimable & facile,
D'un vol toujours brillant, sçut passer, tour à tour,
Du Temple des Beaux-Arts au Temple de l'Amour ;
Mais qui fut plus content de ce dernier asyle,
Des mains des Graces présenté,
En Allemagne, en Italie,
Il charma l'Europe adoucie,
Dont son oncle fut redouté.

Il est même encore mieux reçu dans le Temple du Goût, que cet oncle si vanté, qui rétablit les Beaux-Arts en France de la même main dont il abaissa ou perdit tous ses ennemis. Ce terrible Ministre,

Miniſtre, craint, haï, envié, admiré à l'excès de toutes les Cours & de la ſienne, eſt redouté juſques dans le Temple du Goût, dont il eſt le Reſtaurateur. On craint à tout moment qu'il ne lui prenne fantaiſie d'y faire entrer *Chapelain*, *Colletet*, *Faret* & *Deſmarets*, avec leſquels il faiſait autrefois de méchans vers.

Quand je vis que le Cardinal de Richelieu n'avait pas toutes les préférences, je m'écriai : C'eſt donc ici comme ailleurs, & l'inclination l'emporte par-tout ſur les bienfaits ! Alors j'entendis quelqu'un qui me dit :

Etablir, conſerver, mouvoir, arrêter tout,
Donner la paix au Monde, ou fixer la Victoire;
C'eſt ce qui m'a conduit au Temple de la Gloire,
Bien plutôt qu'au Temple du Goût.

VII.

Braſſac, ſois toujours mon ſoutien,
Sous tes doigts j'accordai ta lyre ;
De l'Amour tu chantes l'Empire
Et tu composes dans le mien.

Caylus, tous les Arts te chériſſent
Je conduis tes brillans deſſeins,
Et les Raphaëls s'applaudiſſent
De ſe voir gravés par tes mains.

AUTRES VARIANTES,

Tirées de l'Edition de 1733.

I.

Et cependant un fripon de Libraire,
Des beaux Esprits écumeur mercénaire,
Vendeur adroit de sottise & de vent,
En souriant d'une mine matoise,
Lui mesurait des Livres à la toise ;
Car Monseigneur est sur-tout fort sçavant.

I I.

Là ne sont point reçus les petits Maîtres, qui assistent à un spectacle sans l'entendre, ou qui n'écoutent les meilleures choses que pour en faire de froides railleries. Bien des gens qui ont brillé dans de petites sociétés, qui ont regné chez certaines femmes, & qui se sont fait appeller grands hommes, sont tout surpris d'être refusés : ils restent à la porte, & adressent en vain leurs plaintes à quelques Seigneurs, ou soi disant tels, ennemis jurés du vrai mérite qui les néglige, & protecteurs ardens des Esprits médiocres dont ils ſont encenſés. On repouſſe auſſi très-rudement tous ces petits Satyriques obſcurs qui, dans la démangeaiſon de ſe faire connaître, inſultent les Auteurs connus; qui font ſecrettement une mauvaiſe critique d'un bon ouvrage; petits Inſectes dont on ne ſoupçonne l'exiſtence, que par les efforts qu'ils font pour piquer. Heureux encore les véritables gens de Lettres, s'ils n'avaient pour ennemis que cette engeance: mais à la honte de la Littérature & de l'humanité, il y a des gens qui s'animent d'une vraie fureur contre tout mérite qui réuſſit; qui s'acharnent à le décrier & à le perdre, qui vont dans les lieux publics, dans les maiſons des Particuliers, dans les Palais des Princes, ſemer les rumeurs les plus fauſſes avec l'air de vérité, calomniateurs de profeſſion, monſtres ennemis des Arts & de la Société. Ces lâches perſécuteurs s'enfuirent en voyant paraître le Cardinal de *Polignac* & l'Abbé de *Rothelin*: ils n'ont jamais pû avoir accès auprès de ces deux hommes; ils ont pour eux cette haine timide que les cœurs corrompus ont pour les cœurs droits & pour les Eſprits juſtes.

III.

Rousseau parut en revenant d'Allemagne ; il avait été autrefois dans le Temple : mais quand il y voulut rentrer :

Il eut beau tristement redire
Ses vers durement façonnés,
Hérissés de traits de satyre,
On lui ferma la porte au nez.

IV.

Rousseau se fâcha d'autant plus que cette Déesse avait raison (1) : elle lui disait des vérités ; il répondit par des injures, & lui cria :

Ah ! je connais votre cœur équivoque,
Respect le cabre, Amour ne l'adoucit,
Et ressemblez à l'œuf cuit dans sa coque,
Plus on l'échauffe & plus il se durcit.

Il vomit plusieurs de ses nouvelles Epigrammes qui sont toutes dans ce goût. *La Mothe* les entendit, il en rit, mais point trop fort & avec discretion. *Rousseau* furieux lui reprocha à son tour tous les mauvais vers que cet Académicien

(1) La Critique.

avait faits en ſa vie, & cette diſpute aurait duré long-tems entre eux, ſi la Critique ne leur avait impoſé ſilence & ne leur avait dit: Ecoutez, vous *la Mothe*, brûlez votre Iliade, vos Tragédies, toutes vos dernieres Odes, les trois quarts de vos Fables & de vos Opera, prenez à la main vos premieres Odes, quelques morceaux de proſe dans leſquels vous avez preſque toujours raiſon, hors quand vous parlez de vous & de vos vers. Je vous demande ſur-tout une demi-douzaine de vos Fables, l'*Europe Galante*, avec cela entrez hardiment.

Vous, *Rouſſeau*, brûlez vos Opéra, vos Comédies, vos dernieres Allégories, Odes, Epigrammes Germaniques, Ballades, Sonnets; jurez de ne plus écrire & venez vous mettre au-deſſus de *la Motte* en qualité de Verſificateur, mais toutes les fois qu'il s'agira d'eſprit & de raiſonnement, vous vous placerez fort au-deſſous de lui. *La Mothe* fit la révérence, *Rouſſeau* tourna ſa bouche, & tous deux entrerent à ces conditions.

V.

A l'égard de *Lucrece*, il fut embarraſſé en voyant ſon ennemi; il le regarda d'un œil un peu fâché, ſur-tout quand il vit combien il eſt aimable, & comme il paraît fait pour avoir raiſon.

Son Rival charmant lui parla
Avec ſa grace naturelle,
Et cependant il y mêla
Un peu de Catholique zele.
Çà, dit-il, puiſque vous voilà,
L'ame a bien l'air d'être immortelle:
Que répondez-vous à cela?
Ah! laiſſons ces diſputes-là,
Dit le vieux Chantre d'*Epicure*,
J'ai fort mal connu la Nature:
Mais ne me pouſſez point à bout,
Que votre Muſe me pardonne;
Vous êtes chez le Dieu du goût,
Non ſur les bancs de la Sorbonne.

Ces Meſſieurs n'argumenterent donc point, & épargnerent une diſpute aux gens de goût qui n'aiment pas volontiers l'argument.

Lucrece récita ſeulement quelques-uns de ſes beaux vers qui ne prouvent rien: le Cardinal dit auſſi des ſiens; ce qui lui arrive trop rarement à Paris: on leur applaudit également à tous deux. De rapporter ce qui fut dit à cette occaſion par les Grecs & les Latins qui étaient là & qui les entendaient, cela ſerait beaucoup trop long : il n'eſt ici queſtion que des Français.

VI.

Mais malgré l'auſtere ſageſſe
De la Morale qu'il prêchait (1),
Peliſſier en ces lieux chantait;
Et cependant avec molleſſe,
Sallé le Temple parcourait
D'un pas guidé par la juſteſſe.

VII.

C'eſt ce Dieu qu'implore & révere
Toute la Troupe des Acteurs,
Qui repréſentent ſur la terre;
Et ceux qui viennent dans la Chaire
Endormir leurs *chers Auditeurs*,
Et ceux qui livrent les Auteurs
Aux ſifflets bruyans du Parterre.

C'eſt-là que je vous vis, aimable *le Couvreur*,
Vous, fille de l'Amour, fille de Melpomene,
Vous dont le ſouvenir regne encor ſur la Scene,
Et dans tous les eſprits, & ſur-tout dans mon cœur.

---

(1) ROLLIN.

Ah ! qu'en vous revoyant une volupté pure,
Un bonheur sans mélange enivra tous mes sens !
Qu'à vos pieds, en ces lieux, je fis fumer d'encens !

Mes deux Guides disaient qu'ils ne pouvaient en conscience donner à une Actrice le même encens que moi ; mais ils avaient trop de justice pour me désapprouver.

VIII.

Quelquefois même, on laisse parler long-tems la même personne ; mais ce cas arrive très-rarement : heureusement pour moi, on se rassemblait en ce moment autour de la fameuse *Ninon Lenclos*.

Ninon, cet objet si vanté,
Qui si long-tems sçut faire usage
De son esprit, de sa beauté,
Et du talent d'être volage
Faisait alors, avec gaité,
A ce charmant Aréopage,
Un discours sur la volupté.
Dans cet art, elle était maîtresse ;
L'Auditoire était enchanté,
Et tout respirait la tendresse.

Mes deux Guides, en vérité,
Auraient volontiers écouté:
Mais, hélas ! ils sont d'une espece
Qui leur ôte la liberté,
Et les condamne à la sagesse.

Ils me laisserent entendre le Sermon de *Ninon.* Je courus ensuite vers la *le Couvreur*, & mes Conducteurs s'amuserent à parler de Littérature avec quelques Jésuites qu'ils rencontrerent. Un Janséniste dira que les Jésuites se fourrent par-tout: mais la vérité est que, de tous les Religieux, les Jésuites sont ceux qui entendent le mieux les Belles-Lettres, & qu'ils ont toujours réussi dans l'éloquence & dans la Poësie. Le Dieu voit de très-bon œil beaucoup de ces Peres, mais à condition qu'ils ne diront plus tant de mal de *Despréaux*, & qu'ils avoueront que les Lettres Provinciales sont la plus ingénieuse, aussi-bien que la plus cruelle, &, en quelques endroits, la plus injuste Satyre qu'on ait jamais faite.

On se doute assez que les Bienfaiteurs du Temple y ont une place honorable: mais croirait-on que *Colbert* y est mieux traité que le Cardinal de *Richelieu*? C'est que *Colbert* protégea tous les beaux Arts ſans être jaloux des Artiſtes, & qu'il ne favoriſa que de grands hommes; car il ſe dégoûta bien vîte de *Chapelain*, & encouragea *Deſpréaux*. Le Cardinal de *Richelieu* au contraire fut jaloux du grand *Corneille*, & au lieu de s'en tenir, comme il le devait, à protéger les beaux vers, il s'amuſa à en faire de mauvais avec *Chapelain*, *Deſmarets*, & *Colletet* (1). Je m'apperçus même que ce grand Miniſtre était moins gracieuſement accueilli par le Dieu du goût qu'un

(1) Non-ſeulement le Cardinal de *Richelieu* fit quelquefois travailler *Chapelain* à des ouvrages de Théâtre; mais il s'appropria un mauvais Prologue de ce *Chapelain*: c'était le Prologue d'un très-ridicule Poëme Dramatique, intitulé: *les Thuilleries*. Ce Cardinal fit bâtir la Salle du Palais-Royal pour repréſenter la Tragédie de *Mirame*, dont il avait donné le ſujet, & dans laquelle il avait fait plus de cinq cens vers. Il ſe ſervait de *Deſmarets*, de *Colletet*, de *Faret*, pour compoſer des Tragédies, dont il leur donnait le plan. Il admit quelque-tems le grand *Corneille* dans cette Troupe; mais le mérite de *Corneille* ſe trouva incompatible avec ces Poëtes, & il fut auſſi-tôt exclu. Ce Cardinal avait ſi peu de goût, qu'il récompenſa ces vers impertinens de *Colletet*:

> La Canne s'humecter de la bourbe de l'eau,
> D'une voix enrouée & d'un battement d'aîle,
> Animer le Canard qui languit auprès d'elle.

Il voulait ſeulement, pour rendre ces vers parfaits, qu'on mît *barboter* au lieu d'*humecter*.

certain Duc son neveu, qui vient très-souvent dans le Temple. Les Connaisseurs en Belles-Lettres disent pour raison :

Que dans ce charmant Sanctuaire,
L'honneur de protéger les beaux Arts qu'on chérit,
Mais auxquels on ne s'entend guere,
L'autorité du Ministere,
L'éclat, l'intrigue & le crédit,
Ne sçauraient égaler les charmes de l'esprit,
Et le don fortuné de plaire.

Les connaisseurs en galanterie ajoutent que Son Eminence (1) fit jadis l'amour en vrai pédant, & que son neveu s'y prend d'une maniere assurément toute opposée. Il y a dans cette demeure bien des habitans qui, comme lui, n'ont fait aucun ouvrage :

---

(1) Le Cardinal de *Richelieu* fit soutenir des Theses sur l'*Amour* chez sa niece la Duchesse d'*Aiguillon* : il y avait un Président, un Répondant & des Argumentans. Il y a, à Paris, une copie de ces Theses chez un Curieux : ces Theses sont divisées en plusieurs positions, comme les Theses de College ; la premiere position est, qu'*il ne faut point parler d'un véritable amour après sa fin, parce qu'un véritable amour est sans fin.*

Qui sagement livrés aux douceurs du loisir,
Ont passé de leurs jours les momens délectables,
A recevoir, à donner du plaisir.
De chanter & d'écrire ils ont été capables :
Mais pour être en ce Temple & pour y réussir,
Qu'ont-ils fait ? Ils étaient aimables.

C'est entre ces voluptueux & les Artistes qu'on trouve le facile, le sage, l'agréable *la Faye* : heureux qui pourrait, comme lui, passer les dernieres années de sa vie, tantôt composant des Vers aisés & pleins de grace, tantôt écoutant ceux des autres sans envie & sans mépris, ouvrant son Cabinet à tous les Arts, & sa maison aux seuls hommes de bonne compagnie ! Combien de Particuliers dans Paris pourraient lui ressembler dans l'usage de leur fortune ? Mais le goût leur manque, ils jouissent insipidement, ils ne sçavent qu'être riches.

Devant le Dieu est un grand Autel, où les Muses viennent présenter tour à tour des Livres, des desseins, & des ornemens de toute espece : on y voyait tous les Opéra de *Lully*, & plusieurs Opéra de *Destouches* & de *Campra*. Le Dieu eût désiré quelquefois, dans *Destouches*, une musique plus forte; souvent, dans *Campra*, un récitatif mieux déclamé; & de tems en tems, dans *Lully*, quelques airs moins froids. Tantôt les Muses, tantôt les *Pelissiers* & les *le Mores* chantent ces Opéra charmans. Le Temple résonne de leurs voix touchantes : tout ce qui est dans ces beaux lieux applaudit par un léger murmure, plus flatteur que ne le seraient les acclamations emportées du Peuple. Les mauvais Auteurs & leurs amis prêtent l'oreille autour du Temple, entendent à peine quelques sons & sifflent pour se venger.

Le dessein de Versailles se trouve à la vérité sur l'Autel : mais il est accompagné d'un arrêt du Dieu qui ordonne qu'on abatte au moins tout le côté de la cour, afin qu'on n'ait point à la fois en France un chef-d'œuvre de mauvais goût & de magnificence. Par le même arrêt, le Dieu ordonne que les grands morceaux d'Architecture très-déplacés & très-cachés dans les bosquets de Versailles, soient transportés à Paris, pour orner des Edifices publics.

Une des choses que le Dieu aime davantage, c'est un Recueil d'estampes d'après les plus grands Maîtres, entreprise utile au genre humain, qui multiplie à peu de frais le mérite des meilleurs Peintres, qui fait revivre à jamais dans tous les Cabinets de l'Europe, des beautés qui périraient sans le secours de la gravure, & qui peut faire connaître toutes les Ecoles, à un homme qui n'aura jamais vû de Tableaux.

> *Crozat* préside à ce dessein:
> Il conduit le docte burin
> De la Gravure scrupuleuse,
> Qui, d'une main laborieuse,
> Immortalise sur l'airain,
> Du *Carache* la source heureuse,
> Et la belle ame du *Poussin*.

Dans le tems que nous arrivâmes, le Dieu s'amusait à faire élever en relief le modele d'un Palais parfait; il joignait l'Architecture extérieure du Château de Maisons avec les dedans de l'Hôtel de Lassay, lequel par sa situation, ses proportions & ses embellissemens, est digne du maître aimable qui l'occupe, & qui lui-même a conduit l'ouvrage.

I X.

Ce qui me charmait davantage dans

cette demeure délicieuse, c'était de voir avec quelle heureuse agilité l'esprit se promene sur differens plaisirs, en parcourant de suites les Arts, & caressant tant de beautés diverses.

On y passe facilement
De la Musique à la Peinture,
De la Physique au sentiment,
Du tragique au simple agrément,
De la Danse à l'Architecture.
Tel, Homere peignait ses Dieux,
Planant sur la terre & sur l'onde,
Et cent fois plus prompt que nos yeux,
S'élançant du centre des Cieux,
Jusqu'au bout de l'axe du Monde.

Aussi serais-je trop long, si je disais tout ce que je vis dans ce Temple. Grace au siecle de LOUIS XIV une foule de grands hommes en tout genre qui avaient honoré ce beau siecle, s'étaient rangés avec mes deux Guides autour du grand *Colbert*. Je n'ai exécuté, disait ce Ministre, que la moindre partie de ce que je méditais; j'aurais voulu que LOUIS XIV eût employé aux embellissemens nécessaires de sa Capitale, les trésors ensevelis dans Versailles, & prodigués pour forcer la nature : si j'avais vécu plus longtems, Paris aurait pû surpasser Rome en magnificence & en bon goût, comme il le surpasse en grandeur : ceux qui viendront après moi, feront ce que j'ai seulement imaginé ; alors le Royaume sera rempli des Monumens de tous les beaux Arts : déjà les grands chemins qui conduisent à la Capitale sont des promenades délicieuses, ombragées de grands arbres, l'espace de plusieurs milles, & ornées même de (1) Fontaines & de Statues. Un jour vous n'aurez plus de Temples Gothiques ; les Salles (2) de vos Spectacles seront dignes des ouvrages immortels qu'on y représente ; de nouvelles Places & des Marchés publics construits sous des colonnades décoreront Paris comme l'ancienne Rome ; les eaux seront distribuées dans toutes les

(1) Sur le chemin de Juvisi on a élevé deux Fontaines, dont l'eau retombe dans de grands bassins ; des deux côtés du chemin sont deux morceaux de Sculpture ; l'un est de *Coustou*, & est fort estimé : il est triste que son ouvrage ne soit pas de marbre, mais seulement de pierre.

(2) Les Salles de tous les Spectacles de Paris sont sans magnificence, sans goût, sans commodités, ingrates pour la voix, incommodes pour les Acteurs & pour les Spectateurs : ce n'est qu'en France qu'on a l'impertinente coutume de faire tenir debout la plus grande partie de l'Auditoire.

maiſons comme à Londres; les Inſcriptions de *Santeuil* ne ſeront plus la ſeule choſe que l'on admirera dans vos Fontaines, la Sculpture étalera par-tout ſes beautés (1) durables; & annoncera aux Etrangers la gloire de la Nation, le bonheur du Peuple, la ſageſſe & le goût de ſes Conducteurs: ainſi parlait ce grand Miniſtre.

Qui n'aurait applaudi? quel cœur Français n'eût été ému à de tels diſcours? On finit par donner de juſtes éloges, & par ſouhaiter un ſuccès heureux au grands deſſeins que le (2) Magiſtrat de la Ville

---

(1) C'était en effet le deſſein de ce grand homme: un de ſes projets était de faire une grande Place de l'Hôtel de Soiſſons: on aurait creuſé au milieu de la Place un vaſte baſſin, qu'on aurait rempli des eaux qu'il devait faire venir par de nouveaux aqueducs: du milieu de ce baſſin, entouré d'une baluſtrade de marbre, devait s'élever un Rocher, ſur lequel quatre Fleuves de marbre auraient répandu l'eau qui eût retombé en nappe dans le baſſin, & qui de-là ſe ſerait diſtribuée dans les maiſons des Citoyens. Le marbre deſtiné à cet incomparable monument était acheté; mais ce deſſein fut oublié avec M. *Colbert*, qui mourut trop tôt pour la France.

(2) M. *Turgot*, Préſident au Parlement, Prevôt des Marchands, qui a déjà embelli cette Capitale, a fait marché avec des Entrepreneurs pour agrandir le Quai derriere le Palais, le continuer juſqu'au Pont de l'Iſle, & joindre l'Iſle au reſte de la Ville par un beau Pont de pierre: il n'y a point de Citoyen dans Paris qui ne doive s'empreſſer à contribuer de tout ſon pouvoir à l'exécution de pareils deſſeins, qui ſervent à notre commodité, à nos plaiſirs & à notre gloire.

de Paris a formés pour la décoration de cette Capitale.

Enfin, après une conversation utile, dans laquelle on louoit avec justice ce que nous avons, & dans laquelle on regrettait, avec non moins de justice, ce que nous n'avons pas, il fallut se séparer: J'entendis le Dieu qui disait à ses deux amis, en les embrassant:

Adieu, mes plus chers favoris,
Par qui ma gloire est établie.
Tant que vous serez dans Paris,
Je n'ai pas peur que l'on m'oublie:
Mais prêchez, je vous en supplie,
Certains prétendus beaux Esprits,
Qui du faux goût toujours épris,
Et toujours me faisant insulte,
Ont tout l'air d'avoir entrepris
De traiter mes loix & mon culte,
Comme l'on traite leurs écrits.

Il les pria de faire ses complimens à un jeune Prince qu'il aime tendrement, & s'échauffant à son nom avec un peu d'enthousiasme, que ce Dieu ne dédaigne pas quelquefois, mais qu'il sçait toujours modérer, il prononça ces vers avec vivacité:

Que toujours CLERMONT (1) s'illumine
Des vives clartés de ma loi;
Lui, sa sœur, les Amours, & moi,
Nous sommes de même origine.
CONTI, sçachez, à votre tour,
Que vous êtes né pour me plaire,
Aussi-bien qu'au Dieu de l'Amour.
J'aimai jadis votre grand-pere,
Il fut le charme de ma Cour:
De ce Héros suivez l'exemple,
Que vos beaux jours me soient soumis;
Croyez-moi, venez dans ce Temple,
Où peu de Princes sont admis.
Vous, noble Jeunesse de France,
Secondez les chants des Beaux-Arts,
Tandis que les foudres de Mars
Se reposent dans le silence:
Que, dans ces fortunés loisirs,
L'esprit & la délicatesse,
Nouveaux guides de la Jeunesse,
Soient l'ame de tous vos plaisirs.

---

(1) M. le Comte de *Clermont*, Prince du Sang, a fondé, à l'âge de vingt ans, une Académie des Arts, composée de cent personnes qui s'assemblent chez lui, & il donne une protection marquée aux gens de Lettres. On ne sçaurait trop proposer un tel exemple aux jeunes Princes.

Je vois Thalie & Melpomene (1)
Vous ſuivre en ſecret quelquefois,
Et quitter *Gauſſin* & *du Freſne*,
Pour venir entendre vos voix,
Et vous applaudir ſur la Scene.
Que des Muſes à vos genoux,
Les lauriers à jamais fleuriſſent;
Que ces arbres s'enorgueilliſſent
De ſe voir cultivés par vous.
Tranſportez le Pinde à Cythere:
Braſſac (2), chantez; gravez, *Cailus* (3);

---

(1) Il y a plus de vingt maiſons dans Paris dans leſquelles on repréſente des Tragédies & des Comédies : on a fait même beaucoup de Pieces nouvelles pour ces Sociétés particulieres. On ne ſçaurait croire combien eſt utile cet amuſement, qui demande beaucoup de ſoin & d'attention : il forme le goût de la Jeuneſſe, il donne de la grace au corps & à l'eſprit, il contribue au talent de la parole, il retire les jeunes gens de la débauche, en les accoutumant aux plaiſirs purs de l'eſprit.

(2) M. le Chevalier de *Braſſac* non-ſeulement a le talent très-rare de faire la muſique d'un Opéra, mais il a le courage de le faire jouer, & de donner cet exemple à la jeune Nobleſſe Françaiſe: il y a déjà long-tems que les Italiens, qui ont été nos Maîtres en tout, ne rougiſſent pas de donner leurs ouvrages au Public. Le Marquis *Maffëi* vient de rétablir la gloire du Théâtre Italien : le Baron d'*Aſtorga*, & le Prélat qui eſt aujourd'hui Archevêque de Piſe, ont fait pluſieurs Opéra fort eſtimés.

(3) M. le Marquis de *Cailus* eſt célebre par ſon goût pour les Arts & par la faveur qu'il donne à tous les bons Artiſtes; il grave lui-même, & met une expreſſion ſinguliere dans ſes deſſeins. Les cabinets des Curieux ſont pleins de ſes eſtampes. M. de *Saint-Maurice*, Officier

Ne craignez point, jeune *Surgere* (1),
D'employer des ſoins aſſidus
Aux beaux Vers que vous ſçavez faire;
Et que tous les ſots confondus,
A la Cour & ſur la Frontiere,
Déſormais ne prétendent plus
Qu'on déroge & qu'on dégénere,
En ſuivant Minerve & Phébus.

---

des Gardes, grave auſſi & ſe ſert avec avantage du burin: il a fait une Eſtampe d'après *Le Nain*, qui eſt un chef-d'œuvre.

(1) M. de la *Rochefoucault*, Marquis de *Surgere*, a fait une Comédie, intitulée: l'*Ecole du Monde*. Cette Piece eſt, ſans contredit, bien écrite, & pleine de traits que le célebre Duc de la *Rochefoucault*, Auteur des *Maximes*, aurait approuvés.

AUTRES VARIANTES.

La Critique m'apperçut. Ah ! ah ! me dit-elle, vous êtes bien hardi d'entrer. Je lui répondis humblement : Dangereuſe Déeſſe, je ne ſuis ici que parce que ces Meſſieurs l'ont voulu. Je n'aurais jamais oſé y venir ſeul. Je veux bien, dit-elle, vous y ſouffrir à leur conſidération ; mais tâchez de profiter de tout ce qui ſe fait ici.

Sur-tout gardez-vous bien de rire
Des Auteurs que vous avez vûs ;
Cent petits rivaux inconnus
Crieraient bientôt à la ſatyre.
Corrigez-vous, ſans les inſtruire ;
Donnez plus d'intrigue à Brutus,
Plus de vraiſemblance à Zaïre ;
Et, croyez-moi, n'oubliez plus
Que vous avez fait Artémire.

Je vis bien qu'elle en allait dire davantage ; elle me parlait déjà d'un certain Philoctete : je m'eſquivai, &c.

Fin des Variantes du Temple du Goût.

VARIANTES PRINCIPALES
DE PLUSIEURS
PIECES FUGITIVES.

PREMIER DISCOURS.

De l'Égalité des Conditions.

Ce ne fut qu'en 1738 que ce Discours parut la premiere fois imprimé à Paris, ainsi que le second & le troisieme, sous le titre général d'*Epîtres sur le Bonheur*. Le commencement du premier Discours a été plusieurs fois refondu. Voici les différentes Leçons jusqu'à l'édition de 1757 exclusivement.

Premiere Leçon.

Eh! bien, jeune Hermotime, en Province élevé,
Avec un cœur tout neuf, à Paris arrivé,
Tu ne sçais pas encor quel parti tu dois suivre:
Tu voudrais des leçons sur le grand art de vivre;
Il faut prendre un état; incertain dans tes vœux,

Tu veux choisir, dis-tu, le sort le plus heureux :
Mais ce sort quel est-il ? Tu ne sçais : tu peux être
Magistrat, Financier, Courtisan, Guerrier, Prêtre ;
Ton goût doit décider. Ce n'est pas ton emploi
Qui doit te rendre heureux : ce bonheur est dans toi.
Les Etats sont égaux, mais les hommes différent :
Où l'imprudent périt, les habiles prosperent ;
Le bonheur est le port où tendent les humains,
Les écueils sont fréquens, les vents sont incertains ;
Le Ciel, pour aborder cette rive étrangere,
Accorde à tout mortel une barque légere.
Ainsi que les secours, les dangers sont égaux :
Qu'importe quand l'orage a soulevé les flots,
Que ta Poupe soit peinte, & que ton mât déploye
Une voile de pourpre & des cables de soye ?
Le vent est sans respect, il renverse à la fois,
Les batteaux des Pêcheurs & les barques des Rois.
Si quelque heureux Pilote échappé de l'orage,
Près du port arrivé, gagne au moins le rivage,

Son

Son vaisseau, plus heureux, n'était pas mieux
construit:
Mais le Pilote est sage, & Dieu l'avait conduit.
Eh quoi! me dites-vous, &c.

SECONDE LEÇON.

Ami, dont la vertu, toujours facile & pure,
A suivi, par raison, l'instinct de la Nature,
Qui sçais à ton état conformer tes desirs,
Satisfait sans fortune, & sage en tes plaisirs;
Heureux qui, comme toi, docile à son génie,
Dirige prudemment la course de sa vie;
Son cœur n'entend jamais la voix du repentir;
Enfermé dans sa sphere, il n'en veut point sortir.
Les états sont égaux, &c.

. . . .
. . . & des cables de soye.
L'art du Pilote est tout, & pour dompter les
vents,
Il faut la main du Sage, & non des ornemens.
Eh quoi! me dira-t-on, &c.

SUITE DU MÊME DISCOURS.

PREMIERE LEÇON.

Il serait beau vraiment que sa triste faveur
Eût au grade, en ce Monde, attaché le bonheur;

Jamais un Colonel n'aura donc l'imprudence?
D'égaler en plaisir un Maréchal de France!
L'Empereur est toujours, graces à ses honneurs,
Plus fortuné lui seul, que les sept Electeurs!
Et le cœur d'un Sujet se gardera bien d'être
Aussi tendre, aussi gai, que celui de son Maître!
Nous n'accusons point Dieu de cette absurdité:
Pour les cœurs qu'il a faits, il a trop de bonté.
Tous sont heureux par lui, tous au moins peuvent l'être:
En leur donnant la vie, il leur doit le bien-être;
Il veut, en les rangeant sous différentes loix,
En faire autant d'heureux, non pas autant de Rois:
Le casque, le mortier, la barette, la mitre,
A la félicité n'apportent aucun titre.
Et ce Bernard qu'on vante est heureux en effet,
Non par le bien qu'il a, mais par le bien qu'il fait.
On dit qu'avant la boëte, &c.

SECONDE LEÇON.

. . . .

. . . . que les sept Electeurs.

Et le Roi des Romains ferait un téméraire,
De prétendre un moment au bonheur du Saint
Pere!
Crois-moi, Dieu d'un autre œil voit les faibles
humains,
Nés du même limon façonné par ses mains.
Admirons de ses dons le différent partage:
Chacun de ses enfans reçut un héritage;
Le terrein le moins vaste a sa fécondité,
Et l'ingrat qui se plaint est seul déshérité.
Possédons sans fierté, subissons sans murmure
Le sort que nous a fait l'Auteur de la Nature;
Dieu qui nous a rangés sous différentes Loix,
Peut faire autant d'heureux, non pas autant de
Rois.
On dit qu'avant la boëte, &c.

SUITE.

PREMIERE LEÇON.

. . . . . L'Amour même l'appelle,
L'Amour, ce Dieu des Cieux, cette flamme
éternelle,
Qui peuple les forêts, les ondes & les airs,
Qui va d'un pôle à l'autre animer l'Univers.
Ses traits, toujours lancés des mains de la Na-
ture,

Souffrent les ornemens, mais plaisent sans parure :
Un éclat étranger est le fard du bonheur :
Tu n'en as pas besoin, tu peux donner ton cœur,
Sans tous ces riens brillans, ces nobles bagatelles,
Qu'Hébert vend à crédit pour tromper tant de Belles.
L'Amour n'a pas toujours un tranquille destin,
Sous les lambris dorés & vernis par Martin.
L'Aigle fier & rapide, &c.
. . . . tout homme a ses revers :
Concini moins altier, plus fidele à ses Maîtres,
N'aurait point de son sang appaisé nos ancêtres.
. . . .
. . . . où la félicité !
Où donc trouver, dis-tu, cet être si vanté,
Fugitif, inconnu, qu'on croit imaginaire ?
Où ? chez toi, dans ton cœur & dans ton caractere :
Quel que soit ton état, quel que soit ton destin,
Sois sage, il te suffit; ton bonheur est certain.

Fin du premier Discours.

SECONDE LEÇON DE CETTE FIN.

Et vit dans les glaçons qu'ont durci les Hyvers :
Mortel, en quelque état que le Ciel t'ait fait naître,
Sois soumis, sois content, & rends grace à ton Maître.

SECOND DISCOURS.

De la Liberté.

LORSQU'UN de ces Esprits. . . . .
. . . .
Descendit jusqu'à moi de la voûte des Cieux.
Ainsi le trait brillant du jour qui nous éclaire,
Part, arrive, illumine & couvre l'Hémisphere :
Il avait pris un corps, ainsi que l'un d'entre eux,
Que nos peres ont vu dans des jours ténébreux,
Sous les traits de Newton, sous ceux de Galilée,
Apporter la lumiere à la terre aveuglée.
Écoute, me dit-il, &c.
. . . .
Caton fut sans vertu, Catilina sans vice.
. . . .

Et s'il a daigné dire à mes vœux empressés
Le secret d'être heureux, il en a dit assez.

Dans une seconde édition, on ne trouvait que quatre ou cinq vers de changés.

Ce don que sa bonté te fit pour ton bonheur.
. . . .
Épargne à ta raison ces disputes frivoles,
Ce poison de l'esprit né du sein des écoles.
Ferme en tes sentimens, &c.
. . . .
Mes yeux d'un plus grand jour auraient été blessés:
Sois heureux, m'a-t-il dit: n'en est-ce pas assez?

TROISIEME DISCOURS.

Sur l'Envie.

. . . . Il en est terrassé.
Quelle était la raison du Magistrat perfide,
Qui voulait en exil envoyer Aristide?
Il fut dans son dépit contraint de l'avouer;
Je suis las, disait-il, de l'entendre louer.
J'ai vu des Courtisans, &c.
. . . .

Un petit monstre noir, peint de rouge & de blanc,
Ne doit point censurer ou Vénus, ou Rohan.
Ta rivale est aimée; un bon couplet contre elle
Ne peut ni l'enlaidir, ni te rendre plus belle.
Par le fougueux Jurieu, &c.

. . . .

. . . . Détestable en tes mœurs,
Médisant acharné, quelle étrange manie
Fait aboyer ta voix contre une Académie?
As-tu, vieux Candidat, chez les quarante élus,
Approché seulement de l'honneur d'un refus?
Hélas! quel est le fruit de tes cris imbecilles?
La Police est sévere, on fouette les Zoïles.
Chacun avec mépris se détourne de toi,
Tout fuit jusqu'aux enfans, & l'on sçait trop pourquoi.
Détestons, Hermotime, un si dangereux vice.
Oh! qu'il nous faut chérir, &c.

. . . .

Voilà le vrai mérite; il se peint dans ces traits.
C'est ainsi qu'en son ame on conserve la paix.
Qu'il est grand, &c.

QUATRIEME DISCOURS.

De la Modération.

Il ne parut à Paris qu'en 1739 : c'était alors une Epître adressée à M. *Helvétius*, Fermier général, fils du premier Médecin de la Reine.

. . . .

Demandez-le à ce Dieu qui nous donna la vie;
Revole, Maupertuis, de ces déserts glacés,
Où les rayons du jour sont six mois éclipsés :
Apôtre de Newton, digne appui d'un tel Maître,
Né pour la vérité, viens la faire connaître.
Héros de la Physique, Argonautes nouveaux,
Qui franchissez les monts, qui traversez les eaux,
Dont le travail immense & l'exacte mesure
De la terre étonnée ont fixé la figure,
Dévoilez ces ressorts, &c.

. . . .

C'est du cœur des humains la grande passion :
On cherche à s'élever beaucoup plus qu'à s'instruire.

Vingt Sçavans qu'Apollon prenait soin de conduire,
De l'éclat des grandeurs n'ont pu se détromper :
Au Parnasse ils régnaient, la Cour les vit ramper.
La Cour est de Circé le Palais redoutable,
La Fortune y préside, enchanteresse aimable ;
Qui, des mains des Plaisirs, préparant son poison,
Par un filtre invincible, assoupit la Raison.
Qui la voit est changé, c'est en vain qu'on la brave ;
On est arrivé libre, on se retrouve esclave.
Le Guerrier tout couvert du sang des ennemis,
Le Magistrat austere, & le grossier Commis,
Et la Dévote adroite, & le Marquis volage,
Tout y cherche à l'envi l'argent & l'esclavage.
Laissons ces insensés, que leur espoir séduit,
Courir en malheureux au bonheur qui les fuit ;
Mes vers ne peuvent rien contre tant de folie,
La seule adversité peut réformer leur vie.
Parlons de nos plaisirs, ce sujet plein d'appas
Est bien moins dangereux & ne s'épuise pas ;
De nos réflexions c'est la source féconde ;
Il vaut mieux en parler que des Maîtres du Monde :

Que m'importe leur Trône, & quel suprême
honneur,
Quel éclat peut valoir un sentiment du cœur?
Les plaisirs sont les fleurs, &c.

Dans une édition postérieure, on trouvait dans la tirade qui remplace celle qu'on vient de lire, les vers suivans, qui ont été retranchés.

Prodigue au fils d'Octave un encens mercé-
naire:
S'ils ont cherché la Cour, ils ont porté des fers;
Mais leur sagesse au moins les ont rendus légers;
Horace moderé vécut riche & tranquille.
Qui veut tout, nobtient rien; le discret est l'ha-
bile.
O vous qui ramenez, &c.

. . . .

Ce cortége aujourd'hui l'accompagne ici bas.
Ne nous en plaignons point, imitons la Nature;
Elle couvre nos champs de glace ou de verdure;
Tout renaît au Printems, tout mûrit dans l'Eté,
Livrons-nous donc, comme elle, à la diversité.
Climene a peu d'esprit; elle est vive, légere.
Touché de ses appas, vous avez sçu lui plaire;
Vous pensez, sur la foi de vos emportemens,
De vos jours à ses pieds couler tous les momens:

Mais bientôt de vos ſens vous voyez l'impoſture,
Ce feu follet s'éteint faute de nourriture;
Votre bonheur uſé, n'eſt qu'un dégoût affreux.
Et vous, &c.

Dans la ſeconde édition, on liſait les quatre vers ſuivans, après celui-ci:

Je le dis aux Amans, je le répete aux Belles,
De l'uniformité l'importune langueur
Glace un cœur émouſſé par l'excès du bonheur:
D'un ſéducteur plaiſir redoutez l'impoſture.
Ce feu follet, &c.

CINQUIEME DISCOURS.

Sur la nature du Plaiſir.

A S. A. R. M. le Pr. Royal de Prusse.

. . . . Ministres,
Paſchal ſe crut parfait, alors qu'il n'aima rien.
. . . .
. . . . Conſervez votre vie.
O moitié de notre être, amour-propre enchanteur,
Sans nous tyranniſer, regne dans notre cœur.

Pour aimer un autre homme, il faut s'aimer
 soi-même.
Que Dieu soit notre exemple, il nous chérit, il
 s'aime.
Nous nous aimons dans nous, &c.
. . . . Et vous le détruisez.
Un Monarque de l'Inde, honnête homme &
 peu sage,
Vers les rives du Gange, après un long orage,
Voyant de vingt vaisseaux les débris dispersés,
Des mâts demi-rompus & des morts entassés,
Fit fermer, par pitié, le port de son rivage,
Défendit que jamais, par un profane usage,
Les pins de ses forêts façonnés en vaisseaux,
Portassent sur les mers, à des Peuples nouveaux,
Les fruits trop dangereux de l'humaine avarice.
Un Bonze l'applaudit, on vanta sa justice :
Mais bientôt triste Roi d'un Etat indigent,
Il se vit sans pouvoir, ainsi que sans argent.
Un voisin moins bigot, & bien plus sage Prince,
Conquit en peu de tems sa sterile Province;
Il rendit la mer libre, & l'Etat fut heureux.
Je suis loin d'en conclure, Orateur dangereux,
Qu'il faut, &c.

Voilà mes passions : vous qui les approuvez,

Vous, l'honneur de ces Arts par vos mains cultivés,
Vous, dont la paſſion nouvelle & généreuſe
Eſt d'éclairer la Terre & de la rendre heureuſe,
Grand Prince, eſprit ſublime, heureux préſent du Ciel,
Qui connaît mieux que vous les dons de l'Eternel ?
Aidez ma voix tremblante & ma lyre affaiblie,
A chanter le bonheur qu'il répand ſur la vie.
Qu'un autre, en frémiſſant, craigne ſes cruautés;
Un cœur aimé de vous, ne ſent que ſes bontés.

SIXIEME DISCOURS.

De la nature de l'Homme.

ANCIENNE LEÇON.

. . . . AINSI que ſes plaiſirs.
Que Dieu ſeul a raiſon, ſans qu'il nous en informe.
Le Lettré convaincu de ſa ſottiſe énorme,
S'en retourne ici bas, &c.

SEPTIEME DISCOURS.

Sur la vraie Vertu.

. . . . LA fin du Monde.
Je sçais que ce saint œuvre a des charmes puissans :
Mais, dis-moi, n'as-tu point des devoirs plus pressans ?
D'où vient que ton ami languit dans la misere ?
Pourquoi lui refuser le plus vil nécessaire ?
Chez toi, chez tes pareils, le seul riche est sauvé,
Et le pauvre inutile est le seul réprouvé.
Ce Magistrat, &c.
. . . . La vertu véritable.
Ce beau nom de vertu sera-t-il accordé
Au mérite farouche, à l'art toujours fardé,
A l'indolent Germont, dont la pitié discrette
Craint de parler pour moi, quand Séjan m'inquiette,
Au faible & doux Cyrus tout le jour occupé
Des propos d'un flatteur, & des soins d'un soupé ?
Non, je donne ce titre au cœur tendre & sublime,

Qui prévient les besoins d'un ami qu'on opprime ;
Je le donne à *Normand*, je le donne à *Cochin*,
Dont l'éloquente voix protégea l'orphelin :
Non pas à toi *Griffon*, babillard mercénaire,
Qui prodiguant en vain ta vénale colere,
Et changeant un art noble en un lâche métier,
N'a fait qu'un plat Libelle, au lieu d'un Plaidoyer.

. . . .

Tendre & solide Ami, Bienfaiteur généreux,
Qui peut te refuser le nom de vertueux ?
Jouis de ce grand titre, ô toi, dont la sagesse
N'est point le fruit amer d'une austere rudesse ;
Toi qui, malgré l'éclat dont tu blesses les yeux,
Peux compter plus d'amis que tu n'as d'envieux.

Certain Législateur, &c.

LETTRE
A M. DE LA FAYE. 1718.

LA Faye, ami de tout le monde,
Qui sçavez le secret charmant
De réjouir également
Le Philosophe, l'Ignorant,
Le Galant à perruque blonde;
Vous qui rimez, comme Ferrand,
Des Madrigaux, des Epigrammes,
Qui chantez d'amoureuses flammes
Sur votre Luth tendre & galant;
Et qui même assez hardiment
Osâtes prendre votre place,
Auprès de Malherbe & d'Horace,
Quand vous alliez sur le Parnasse,
Par le Caffé de la Laurent.

Je voudrais bien aller aussi au Parnasse, moi qui vous parle : j'aime les vers à la fureur; mais j'ai un petit malheur, c'est que j'en fais de détestables, & j'ai le plaisir de jetter tous les soirs au feu tout ce que j'ai barbouillé dans la journée.

Par fois je lis une belle ſtrophe de votre ami M. *de la Motte*, & puis je me dis tout bas : *Petit miſérable, quand feras-tu quelque choſe d'auſſi-bien* ? Le moment d'après, c'eſt une ſtrophe peu harmonieuſe & un peu obſcure, & je me dis : *garde-toi d'en faire autant*. Je tombe ſur un Pſeaume ou ſur une Epigramme orduriere de *Rouſſeau* : cela éveille mon odorat, je veux lire ſes autres ouvrages, mais le Livre me tombe des mains : je vois des Comédies à la glace, des Opera fort au-deſſous de ceux de l'Abbé *Pic* : une Epître au Comte d'*Ayen*, qui eſt à faire vomir : un petit Voyage de Rouen fort inſipide : une Ode à M. *Duché* fort au-deſſous de tout cela ; mais ce qui me révolte & qui m'indigne, c'eſt le mauvais cœur qui perce à chaque ligne. J'ai lû ſon Epître à *Marot*, où il y a de très-beaux morceaux ; mais je crois y voir plutôt un enragé qu'un Poëte. Il n'eſt pas inſpiré, il eſt poſſédé : il reproche à l'un ſa priſon, à l'autre ſa vieilleſſe : il appelle celui-ci *athée*, celui-là *marouffle* : où eſt donc le mérite de dire en vers de cinq pieds des injures ſi groſſieres ? Ce n'était pas ainſi qu'en uſait M. *Deſpréaux*, quand il ſe jouait aux dépens des mauvais Auteurs ; auſſi ſon ſtyle était doux & coulant ; mais celui de *Rouſſeau* me paroît inégal, recherché, plus violent que vif, & teint, ſi j'oſe m'exprimer ainſi, de la bile qui le dévore. Peut-on ſouffrir qu'en parlant de M. *Crébillon*, il diſe qu'il *vient de ſa griffe Apollon moleſter*. Quels vers que ceux-ci !

Ce Rimeur ſi ſévere
Devient amer, quand le cerveau lui tinte ;
Plus qu'aloës ni jus de coloquinte.

De plus, toute cette Epître roule ſur un raiſonnement faux ; il veut prouver que tout homme d'eſprit eſt honnête homme, & que tout ſot eſt fripon ; mais ne ſerait-il pas la preuve trop évidente du contraire, ſi pourtant c'eſt véritablement de l'eſprit que le ſeul talent de la verſification ? Je m'en rapporte à vous & à tout Paris. *Rouſſeau* ne paſſe point pour avoir d'autre mérite ; il écrit ſi mal en proſe que ſon *Factum* eſt une des Piéces qui ont ſervi à le faire condamner ; au contraire le *Factum* de M. *Saurin* eſt un chef-d'œuvre, *& quid facundia poſſet, tùm paruit*. Enfin, vous voulez que je vous diſe franchement mon petit ſentiment ſur MM. *de la Motte* & *Rouſ-*

ſeau. M. *de la Motte* penſe beaucoup, & ne travaille pas aſſez ſes vers; *Rouſſeau* ne penſe gueres, mais il travaille ſes vers beaucoup mieux; le point ſeroit de trouver un Poëte qui penſât comme *la Motte*, & qui écrivît comme *Rouſſeau*, (quand *Rouſſeau* écrit bien, s'entend;) mais:

Pauci quos æquus amavit
Jupiter, aut ardens evexit ad æthera virtus,
Diis geniti potuêre....

J'ai bien envie de revenir bientôt ſouper avec vous, & raiſonner de Belles-Lettres: je commence à m'ennuyer beaucoup ici. Or il faut que je vous diſe ce que c'eſt que l'ennui:

Car vous, qui toujours le chaſſez,
Vous pourriez l'ignorer peut-être;
Trop heureux ſi ces vers, à la hâte tracés,
Ne vous l'ont déjà fait connoître!
C'eſt un gros Dieu lourd & peſant,
D'un entretien froid & glaçant,
Qui ne rit jamais, toujours bâille,
Et qui depuis cinq ou ſix ans,
Dans la foule des Courtiſans,
Se trouvoit toujours à Verſaille.

Mais on dit que, tout de nouveau,
Vous l'allez revoir au Parterre,
Au (1) Capricieux de Rouſſeau :
C'eſt-là ſa demeure ordinaire.

Au reſte, je ſuis charmé que vous ne partiez pas ſitôt pour Genes (2) : votre Ambaſſade m'a la mine d'être pour vous un bénéfice ſimple. Faites-vous payer de votre voyage & ne le faites point; ne reſſemblez point à ces Politiques errans qu'on envoye de Parme à Florence, & de Florence à Holſtein, & qui reviennent enfin ruinés dans leurs pays pour avoir eu le plaiſir de dire *le Roi mon Maître*. Il me ſemble que je vois des Comédiens de campagne qui meurent de faim, après avoir joué le rôle de Céſar & de Pompée.

Non, cette brillante folie
N'a point enchaîné vos eſprits :
Vous connoiſſez trop bien le prix
Des douceurs de l'aimable vie
Qu'on vous voit mener à Paris

(1) Mauvaiſe Piece de *Rouſſeau*, qu'on voulait mettre au Théâtre, mais qu'on fut obligé d'abandonner aux répétitions.

(2) M. *de la Faye* était nommé Envoyé Extraordinaire à Genes.

En aſſez bonne compagnie ;
Et vous pouvez bien vous paſſer
D'aller, loin de nous, profeſſer
La politique en Italie.

ÉPITRE
A M. DE SAINT-LAMBERT.

TANDIS qu'au-deſſus de la Terre,
Des Aquilons & du Tonnerre,
L'Interprete du grand *Newton*,
Dans les routes de la lumiere,
Conduit le char de *Phaëton*,
Sans verſer dans cette carriere ;
Nous attendons paiſiblement,
Près de l'onde Caſtalienne,
Que notre Héroïne revienne
De ſon voyage au Firmament ;
Et nous aſſemblons, pour lui plaire,
Dans ces vallons & dans ces bois,
Ces fleurs dont *Horace* autrefois
Faiſoit des bouquets pour *Glycere*.
Saint-Lambert, ce n'eſt que pour toi
Que ces belles fleurs ſont écloſes ;
C'eſt ta main qui cueille les roſes,

Et les épines sont pour moi.
Ce Vieillard chenu qui s'avance,
Le Tems, dont je subis les loix,
Sur ma lyre a glacé mes doigts,
Et des organes de ma voix
Fait frémir la sourde cadence.
Les Graces, dans ce beau Vallon,
Les Dieux de l'amoureux Empire,
Ceux de la flute & de la lyre
T'inspirent les aimables sons;
Avec toi dansent aux chansons,
Et ne daignent plus me sourire.
Dans l'heureux printems de tes jours,
Des Dieux du Pinde & des Amours
Saisis la faveur passagere;
C'est le tems de l'illusion:
Je n'ai plus que de la raison,
Encore, hélas! n'en ai-je guere.
Mais je vois venir sur le soir,
Du plus haut de son Aphélie,
Notre astronomique *Emilie*,
Avec un vieux tablier noir,
Et la main d'encre encor salie.
Elle a laissé là son compas,
Et ses calculs & sa lunette;
Elle reprend tous ses appas.

Porte-lui vîte, à ſa toilette,
Ces fleurs qui naiſſent ſur tes pas;
Et chante-lui, ſur ta muſette,
Ces beaux airs que l'Amour répete,
Et que *Newton* ne connut pas.

ÉPITRE

A MADEMOISELLE SALLÉ.

LES Amours pleurant votre abſence,
Loin de nous s'étaient envolés;
Enfin les voilà rappellés
Dans le ſéjour de leur naiſſance.
Je les vis, ces Enfans aîlés,
Voler en foule ſur la ſcene,
Pour y voir triompher leur Reine.
Les Etats furent aſſemblés;
Tout avait déſerté Cythere,
Le jour, le plus beau de vos jours,
Où vous reçûtes de leur mere
Et la ceinture & les atours.
Dieux! quel fut l'aimable concours
Des Jeux, qui, marchant ſur vos traces,

Apprirent de vous, pour toujours,
Ces pas mesurés par les Graces,
Et composés par les Amours :
Des Ris l'essain vif & folâtre
Avait occupé le Théâtre
Sous les formes de mille Amans ;
Vénus & ses Nymphes parées
De modernes habillemens,
Des loges s'étaient emparées.
Un tas de vains perturbateurs,
Soulevant les flots du parterre,
A vous, à vos admirateurs,
Vint aussi déclarer la guerre.
Je vis leur parti frémissant,
Forcé de changer de langage,
Vous rendre en partant leur hommage,
Et jurer en applaudissant.
Restez, fille de Terpsichore,
L'Amour est las de voltiger ;
Laissez soupirer l'Etranger,
Brûlant de vous revoir encore.
Je sçais que, pour vous attirer,
Le solide Anglais récompense
Le mérite errant, que la France
Ne fait tout au plus qu'admirer :
Par sa généreuse industrie,

Il

Il veut en vain vous rappeller ;
Eſt-il rien qui doive égaler
Le ſuffrage de la Patrie ?

IMITATION DE L'ODE
DU R. P. LE JAY, JÉSUITE
SUR SAINTE GENEVIEVE. *

QU'APPERÇOIS-JE ? Eſt-ce une Déeſſe
Qui s'offre à mes regards ſurpris !
Son aſpect répand l'allegreſſe,
Et ſon air charme mes eſprits.
Un flambeau brillant de lumiere ;
Dont ſa chaſte main nous éclaire,
Jette un feu nouveau dans les airs.
Quels ſons ! quelles douces merveilles
Viennent de frapper mes oreilles,
Par d'inimitables concerts !

UN chœur d'Eſprits ſaints l'environne ;
Et lui prodigue des honneurs :

* Cette Ode eſt le premier Ouvrage imprimé de M. de Voltaire. Il la compoſa au Collége de Louis le Grand, où il était Penſionnaire & Ecolier de Rhétorique, ſous le P. le Jay & le P. Porée.

Les uns ſoutiennent ſa couronne,
Les autres la parent de fleurs.
O miracle ! ô beautés nouvelles !
Je les vois, déployant leurs aîles,
Former un thrône ſous ſes pieds.
Ah ! je ſçais qui je vois paraître.
France, pouvez-vous méconnaître
L'Héroïne que vous voyez ?

OUI, c'eſt vous que Paris révere,
Comme le ſoutien de ſes Lys ;
GENEVIEVE, illuſtre Bergere,
Quel bras les a mieux garantis?
Vous, qui par d'inviſibles armes,
Toujours, au fort de nos allarmes,
Nous rendîtes victorieux ;
Voici le jour où la mémoire
De vos bienfaits, de votre gloire,
Se renouvelle dans ces lieux.

DU milieu d'un brillant nuage,
Vous voyez les humbles mortels
Vous rendre à l'envi leur hommage,
Proſternés devant vos autels ;
Et les Puiſſances Souveraines
Remettre entre vos mains les rênes

D'un Empire à vos loix soumis.
Reconnaissant & plein de zele,
Que n'ai-je sçu, comme eux fidele,
Acquitter ce que j'ai promis.

Mais, hélas! que ma conscience
M'offre un souvenir douloureux!
Une coupable indifférence
N'a pû faire oublier mes vœux.
Confus, j'en entends le murmure;
Malheureux! je suis donc parjure!
Mais, non; fidele désormais,
Je jure ces autels antiques,
Parés de vos saintes Reliques,
D'accomplir les vœux que j'ai faits.

Vous, Tombeau sacré que j'honore,
Enrichi des dons de nos Rois;
Et vous, Bergere que j'implore,
Ecoutez ma timide voix.
Pardonnez à mon impuissance,
Si ma faible reconnaissance
Ne peut égaler vos faveurs.
Dieu même, à contenter facile,
Ne croit point l'offrande trop vile
Que nous lui faisons de nos cœurs.

Les Indes, pour moi trop avares,
Font couler l'or en d'autres mains;
Je n'ai point de ces meubles rares
Qui flattent l'orgueil des humains.
Loin d'une fortune opulente,
Aux trésors que je vous présente,
Ma seule ardeur donne du prix;
Et si cette ardeur peut vous plaire,
Agréez que j'ose vous faire
Un hommage de mes Ecrits.

Eh! quoi! puis-je dans le silence
Ensevelir ces nobles noms
De Protectrice de la France,
Et de ferme appui des Bourbons?
Jadis nos campagnes arides,
Trompant nos attentes timides,
Vous dûrent leur fertilité;
Et par votre seule priere
Vous désarmâtes la colere
Du Ciel contre nous irrité.

La Mort même, à votre présence,
Arrêtant sa cruelle faulx,
Rendit des hommes à la France,
Qu'allaient dévorer les tombeaux.
Maîtresse du séjour des Ombres,
Jusqu'au plus profond des lieux sombres

Vous fites révérer vos loix,
Ah! n'êtes-vous plus notre mere,
GENEVIEVE; ou notre misere
Est-elle moindre qu'autrefois?

REGARDEZ la France en allarmes,
Qui de vous attend son secours.
En proye à la fureur des armes,
Peut-elle avoir d'autre recours?
Nos fleuves devenus rapides,
Par tant de cruels homicides,
Sont teints du sang de nos Guerriers;
Chaque Eté forme des tempêtes,
Qui fondent sur d'illustres têtes,
Et frappent jusqu'à nos lauriers.

JE vois en des Villes brûlées
Regner la Mort & la Terreur,
Je vois des plaines désolées
Aux vainqueurs mêmes faire horreur;
Vous qui pouvez finir nos peines,
Et calmer nos funestes haines,
Rendez-nous une aimable paix.
Que Bellone, de fers chargée,
Dans les Enfers soit replongée,
Sans espoir d'en sortir jamais.

FIN.

TABLE DES PIECES

Contenues dans ce Volume.

* L'Auteur était au College, & n'avait que douze ans lorſqu'il fit cette Piece.

VARIANTES DE PLUSIEURS PIECES FUGITIVES.

Fin de la Table.

www.ingramcontent.com/pod-product-compliance
Lightning Source LLC
LaVergne TN
LVHW011946220826
846092LV00001B/99
9782019709433